嘉应学院出版经费资助出版

近现代客籍名人廉洁作风研究

- ◎ 何如璋
- ◎ 古大存
- ◎ 李光耀
- ◎ 李坚真
- ◎ 黄遵宪
- ◎ 丘逢甲
- ◎ 丁日昌

廉

李友文 索光举 等著

暨南大学出版社
JINAN UNIVERSITY PRESS

中国·广州

图书在版编目（CIP）数据

近现代客籍名人廉洁作风研究/李友文，索光举等著. —广州：暨南大
学出版社，2018.8
ISBN 978 - 7 - 5668 - 2422 - 6

Ⅰ.①近…　Ⅱ.①李…②索…　Ⅲ.①人物—人物研究—梅州—近现代
②廉政建设—研究—梅州—近现代　Ⅳ.①K820.865.3②D630.9

中国版本图书馆 CIP 数据核字（2018）第 149339 号

近现代客籍名人廉洁作风研究
JINXIANDAI KEJI MINGREN LIANJIE ZUOFENG YANJIU
著　者：李友文　索光举　等
· ·

出 版 人：徐义雄
策划编辑：苏彩桃
责任编辑：苏彩桃　彭　睿
责任校对：康　蕊
责任印制：汤慧君　周一丹

出版发行：暨南大学出版社（510630）
电　　话：总编室（8620）85221601
　　　　　营销部（8620）85225284　85228291　85228292（邮购）
传　　真：（8620）85221583（办公室）　85223774（营销部）
网　　址：http：//www.jnupress.com
排　　版：广州良弓广告有限公司
印　　刷：湛江日报社印刷厂
开　　本：787mm×960mm　1/16
印　　张：11
字　　数：160 千
版　　次：2018 年 8 月第 1 版
印　　次：2018 年 8 月第 1 次
定　　价：39.80 元

序

　　客家人根在河洛，河洛文化是客家文化的根源。客家是一个具有显著特征的汉族分支族群，也是汉族在世界上分布范围广阔、影响深远的民系之一。客家是以中原汉族中的南迁移民为主体，同化和融合了其迁移途中及定居之所的相关土著居民而形成的一个民系共同体。据史料记载，从西晋永嘉之乱开始，中原汉族居民大举南迁，抵达粤赣闽三地交界处，与当地土著居民杂处，互通婚姻，经过千年演化最终形成一个相对稳定的客家民系。客家文化具有中原文化的深厚底蕴，崇尚孔子"身修而后家齐，家齐而后国治"的修身、齐家、治国之道，追求诚实守信、廉洁公正的个人品德，颂扬尊老爱幼、家风清廉的家庭美德，推崇天下为公、勤政爱民、清正廉洁、公正无私的处世治国精神。

　　客家文化源于河洛文化，所以客家文化与中原文化既一脉相承又独具"客"性。客家人对传统文化中符合社会发展要求的、积极向上的内容给予保持和发扬，对于传统文化中不符合社会发展要求的、落后腐朽的东西加以改造和剔除，不仅继承和发扬了传统文化中的精华成分，同时在迁徙的过程中结合自身的生存环境，创造了独具特色的客家文化。客家先民来自于人文荟萃的中原，扎根粤赣闽山区。他们秉承中原遗风，崇尚文化，重视教育，以耕读传家，以兴学为乐，以读书为本，以文章为贵，以知识为荣。为了适应新的生存环境，客家先民在漫长迁徙中的侨居和在闽粤赣三角边地的聚居过程中，充分接触了侨居地和聚居地多种文化的相互撞击和融合，形成了独有的文化传统、语言和习俗——即客家文化。

　　客家廉洁文化是客家文化的重要组成部分，既独具特色又与中华传统文化一脉相承。所谓客家廉洁文化是指客家人在生活和工作中养成的爱国爱乡、饮水思源，严于律己、至公无私，奖惩分明、倡廉肃贪，廉洁爱民、廉政固本的优良传统，其内涵丰富、形式多样。客家人注重忠、孝、节、义、仁、信、礼、智，这些正是儒家思想的重要内容，也是客家廉洁文化的朴素表现。客家文化继承了中原古风，吸收了南疆文化精华，融入了迁徙创业精神和廉洁处世、修身立品、心怀仁爱的思想品德。客家廉洁文化根源于生活，客家人在动荡不安、艰难困苦的生活中练就了"清正廉洁、勤俭自强"的秉性。客家廉洁文化在生活中表现在有关廉洁主题的格言、俗语及客家杰出人物的廉洁事迹中。另外，其还通过优美动听的客家山歌、意境含蓄的诗歌、强身健体的体育活动等方式来体现。因此，客家廉洁文化既具有生活性又具有高雅性。客家廉洁文化是中华传统优秀文化和社会主义先进文化的重要组成部分，是客家人在日常生活、学习、工作中为人处事的基本准则，是客家人约定俗成的行为准则、价值取向的总和，是客家人关于廉洁知识、廉洁理念、廉洁制度及与之相对应的生活方式、行为规范的概括。

在一千余年里自北而南迁徙以及与当地文化融合的过程中，懂礼节、讲诚信、憎贪婪、重廉礼的客家廉洁文化被发扬光大。到了近现代，更是涌现出了以李坚真、黄遵宪等为代表的杰出人物。我们选取其中七位廉洁奉公、品格高尚的客籍名人作为典范进行研究和学习。我们通过梳理他们的生平事迹，挖掘他们的廉洁品质，并结合建设新时代中国特色社会主义精神文明需要开展相关研究工作。研究近现代客家名人廉洁作风的过程，就是一次心与心碰撞的过程，一次被感动并被教化的过程，更是一次承继与励志的过程。人生百年，白驹过隙，客籍名人已在其可努力范围内，为我们后代展现了不凡的志向人生——勤政廉洁，克己私欲，利国利民，功在千秋。希望本书能通过对近现代客籍名人廉洁作风的研究，令后世感念铭心，受教于行，进而使他们的先进文化和思想得以继承和发扬。

2018 年 5 月于梅州

目录
CONTENTS

一、李坚真

李坚真是一位从童养媳成长为省委书记的伟大女性，她从24岁起走上领导岗位，在工作中学习，在学习中总结、思考和升华，不断提升自己，将自己工作的体会用山歌和文章的形式记录下来，逐渐形成了独具风格的廉洁作风。

（一）李坚真生平简介

李坚真于1907年1月出生在广东省梅州市丰顺县小胜乡一个偏僻穷困的小山村。1926年5月，我国著名农民运动领袖彭湃来到了丰顺发展农民运动，在彭湃的带动和影响下，李坚真开始走上革命道路，并且在同年参加了农协小组，担任了副组长。1927年6月，李坚真加入了中国共产党。1931年，李坚真年仅24岁便担任了长汀县委书记，成为中共历史上第一位女县委书记。1934年1月，经周恩来和邓颖超的推荐，李坚真到中央担任妇女部部长，是中共中央妇女部的第一位女部长。

1934年2月，中国共产党在江西瑞金召开第二次苏维埃大会，李坚真当选为执行委员。同年，李坚真参加了二万五千里长征，是32位参加长征的女红军之一。在长征途中，李坚真担任民运部部长。在红军到达陕北期间，她先后担任陕北省委组织部副部长、中共中央妇女部部长、中共陕甘宁边区委员会执行委员，是延安时期的中共中央组织机构里唯一一位女同志。

抗日战争时期，她先后担任陕甘宁边区各界妇女联合会筹备委员会主任，中共中央东南分局妇委书记、妇女部部长，中共江西省委委员、妇女部部长，中共中央东南局妇女部部长，中共中央妇委常委，苏南行政委员会委员，中共苏南区党委组织部部长兼党校主任，中共溧水、广德县县委书记等职。

解放战争时期，她曾任中共中央华中分局民运部副部长、华东局妇委书记、山东分局妇委书记。她发动和组织华东妇女支援前线，为淮海战役的胜利做出了巨大贡献。1949年3月，她率领华东妇女代表团，出席第一届全国妇女代表大会，并当选为全国妇联执行委员。

中华人民共和国成立后，李坚真从山东回到广东，负责广东的第三次土改工作，为广东省的土改工作顺利完成做出了很大的贡献，摸索出了一套既符合农村农民实际，也符合党的要求的经验。

在广东工作期间，她历任中南军政委员会委员，中共中央华南分局妇委书记，广东省土改委员会副主任，中共粤中区党委第二书记、第一书记，中共广东省委常委、省监委副书记、省委书记处书记兼监委书记，中共中央监委委员。在"文革"中，李坚真被迫停止了工作。1973年她恢复工作后，任广东省革委会副主任。1977年后，她任中共广东省委书记、省纪律检查委员会书记、省人大常委会主任。1982年9月她当选为中央顾问委员会委员。

李坚真是中国共产党第八、第十一、第十二、第十三次全国代表大会代表，中共第八、第十一届中央委员会候补委员，第一至第七届全国人民代表大会代表。

1983年退居二线后，她仍以饱满的热情，关心和支持党的建设。1992年3月30日李坚真在广州逝世。60多年来，她为中国人民的解放事业和社会主义建设事业英勇奋斗，鞠躬尽瘁。她的一生，是革命的一生，是光辉的一生，是战斗的一生。李坚真在工作中发扬民主，深入实际，坚持实事求是；密切联系群众，善于团结同志，关心爱护干部；谦虚谨慎，艰苦朴素，诚恳爽直，作风正派，严于律己，宽厚待人。她的高尚品德和革命情操，值得我们永远学习。

（二）李坚真廉洁作风的形成

李坚真廉洁作风的形成，离不开其成长过程中所受的优秀传统文化熏陶，也离不开其在几十年革命和建设生涯中的工作经历和经验。

1. 客家廉洁文化的熏陶

李坚真出生在广东省客家地区，从小就受到客家文化的浸染。客家文化是中华优秀传统文化的重要组成部分，秉承了儒家、道家、法家乃至佛教文化中的优良传统，主张廉洁自律、操行高尚、俭朴节约、公道正派等，这些思想都深深地影响了李坚真。

客家人自古以来就有崇文重教的文化传统，为了逃避战乱，客家先民从中原迁徙到岭南地区，在荒漠的土地上进行开垦，艰辛地生活。他们在岭南保持着中原时的风俗习惯，特别重视对家族后代的教育，但凡经济许可，均供子女读书；无论条件怎样艰苦，都要把教育后代知书习礼摆在最优先的地位，保持其所谓"耕读为本"的传统。客家家族中大多都有"公田"，所得主要用于族中贫寒家庭的子孙读书。李坚真的父亲是个老实的佃农。由于家境贫寒，李坚真出世仅 8 个月，就被父亲以 8 吊铜钱的身价卖给邻村蕉头窝朱家做童养媳。这是一户好人家，公公、婆婆视她为亲女儿，比她大几岁的丈夫也把她当作亲妹妹。李坚真 10 岁那年，李坚真的养父让李坚真带小弟去读书，并偷偷给教书先生多缴了点学费，让李坚真在私塾旁听。李坚真在这里认识了一些字，接受了最初的知识和思想的启蒙，这对她此后的人生产生了重大的影响。

客家先民经过千百年漫长的移民生活后，在闽粤赣边区定居下来。由于长期的流动生活，客家人不断与陌生的环境作斗争，形成了刻苦耐劳、不畏艰难、勤俭进取的精神。客家人以客家谚语、童谣、门联、对联、山歌等方式，将这些思想、观念蕴于日常生活中，包含在家庭教育里。

家庭教育是人生的启蒙，对一个人的一生所起的作用往往比学校教育和社会教育有更深远的影响。客家家庭教育不仅教导生产生活的知识，而且特别注重品德教育。客家妇女把家庭教育寓于生产生活之中，体现在日常言谈举止中，她们习惯用唱童谣、唱儿歌、唱山歌、讲故事、讲道理和以身示教等形式传授为人处事的道理，传承孝敬父母、友爱兄弟、诚实守信的家风，教子以勤俭为本、爱惜一布一饭，认为"顾人之常情，由俭入奢易，由奢入俭难"。客家人以先祖为榜样，讲求"清白传家""节俭家教、酬勤家教、抑贪家教"，把廉洁俭诚的美德付诸实施，并一代代传承下去。客家人不仅崇尚勤俭，而且还注重正直廉洁的教育，"贪字头，贫字脚"是客家长辈时常警告后辈们的家教警句，要求儿女们"为官廉洁，为家勤俭，为人诚实守信"，教育子女"宁可过贫民生活，也不要不择手段地追求高贵显赫、重利忘义"，使子女清楚地知道"成于俭约、败于奢靡"的道理，把简朴当作一种美德。这些思想成为李坚真廉洁作风的深厚的社会基础，对于她养成良好的工作作风和廉洁的道德情操起到了不可估量的作用。

另外，客家家庭教育倡导"非志无以成学，非学无以成才"的理念，认为没有文化知识、思想贫乏空虚也会导致贪念滋生，偏离正道而走向贫穷和犯罪。广博的知识、高尚的精神修养和高雅的志趣爱好，既能远离贪欲及其带来的祸害，又能以技谋生，创造财富，改变命运。客家人强调"蒙以养正"的重德育的教育思想，主张把精力用在有益于社会、家庭的工作上。客家传统社会中的"为官之道"——慎独、正心、诚意、修身、齐家，及其日常生活中的伦理教育——要求做人要有进取、勤俭、不贪婪、公正、亮堂、正直的品质，认为清正廉洁是做人的重要品质和原则等，这些思想对于李坚真的廉洁作风形成着重要的启迪与参考意义。

客家文化中对女性的审美观更是堪称独特。客家妇女不像当时其他女子一样盛行裹足，而是推行"天脚"。为生活所迫，客家男子大多选择到海外去谋事，由客家妇女担负起在家谋生的所有责任，她们不仅"把犁耕田"，而且承担了对子女的启蒙教育。客家妇女从商行市，具有敢作敢当的胆识和能力，客家著名诗人黄遵宪在《高祖妣钟太夫人述略》中评价客家妇女云："妇女皆勤俭，世家巨室，亦无不操井臼设酒食亲缝纫者。中人之家，则无役不从，甚至务农业商，持家教子，一切与男女等。皆客人家法，世传如此。五部洲中，最为贤劳矣！"客家妇女特别注重相夫教子、勤俭持家，在家庭中的监督管理作用突出。她们言传身教，有意识地对子女进行清正廉洁教育，对子女廉政奉公的影响至关重要。长期对这些耳闻目染，李坚真的人生价值观受到了深刻影响并形成了独立的意识和公平正直的品格。

2. 伟人的教诲和自身实践的总结

李坚真出身贫寒，年幼时认字不多，但她聪明好学，才思敏捷。参加革命后，她随身带一支笔和一个小本，把了解到的情况记下来，遇到不会写的字就用符号代替，以便向人询问；读报纸遇到看不懂的问题就向人请教。组织上三次派她到中央党校学习（两次被迫中断），使她的理论水平不断提高。李坚真24岁走上领导岗位，在工作中接触了彭湃、毛泽东、周恩来、董必武等一批早期的优秀知识分子领导人，他们的廉洁作风对李坚真的教育和影响很大。在工作中李坚真不断汲取他们的经验和方法，一边工作，一边学习，一边总结，理论联系实际，在实践锻炼中不断形成了自己的包括廉洁作风在内的思想素养。

（1）彭湃的启蒙。彭湃是指引李坚真走上革命道路的第一人。根据李坚真的回忆，1924年，广东的工农运动如火如荼，彭湃在广东省建立了农会，李坚真对此有所耳闻，非常向往。1926年，彭湃到丰顺地区组织农民运动，准备建立丰顺地区的农会。李坚真看到彭湃来到劳苦农民中，走家访户地做工作，同农民同吃同住，平易近人，没有一点"大少爷"的样子，就向他请教妇女解放的道理。彭湃所讲的"组织起来斗争才有力量""男女平等"的思想和海陆丰农民运动及妇女运动的事例，给李坚真很大的启发，使她从此走上革命的道路。彭湃深入基层，与农民同甘共苦，发动群众，成为李坚真以后在领导岗位上走群众路线的榜样。李坚真有一首"引路人"的山歌："一手捧起米糊粥，西风吹开两条沟，清如明镜山溪水，满怀豪情在里头。"[①] 其反映了彭湃与群众一起艰苦生活和工作的情

---

① 广东省丰顺县委、广东省丰顺县政府编：《李坚真百年缅怀》，中共党史出版社2006年版，第245页。

况，也表达了李坚真对彭湃亲民、简朴的工作作风的深刻感悟。

（2）毛泽东的教导。毛泽东作为党的领导人，他的廉洁思想与执政党的建设紧密联系在一起，对李坚真廉洁作风的形成和一生从政廉洁产生了深远的影响。

1930年，李坚真在闽粤赣特区委员会任临时特委书记，在这里第一次见到毛泽东，开始接受毛泽东的影响。毛泽东认为，苏维埃政权几乎在诞生的同时，就面临着抓廉政建设的问题。他提倡艰苦奋斗、勤俭建国，反对铺张浪费、贪污腐化、以权谋私、官僚主义等腐败现象。1934年，在第二次中华苏维埃代表大会上，毛泽东指出："应该使一切政府工作人员明白，贪污和浪费是极大的犯罪。"① 他厉行廉洁政治，严惩公务人员之贪污行为，禁止任何公务人员假公济私之行为，树立公务人员的勤政廉洁思想。

毛泽东清醒地认识到领导人要做到清正廉洁、勤俭节约，起表率作用。无论是在战争时期还是在社会主义建设时期，他都始终保持着清正廉洁的工作作风。战争年代，他与普通士兵一样，每天仅5分钱的菜金，领同样分量的一小袋饭包，分得同等数额的伙食尾子。中华人民共和国成立初期，国民经济面临严重的问题，毛泽东带头与全国人民一道艰苦奋斗，共渡难关。他曾几个月不吃肉，青黄不接时只吃菠菜，少吃粮食，以致全身浮肿。一件衣服，他补了又补；一件毛毯，从战争年代一直用到逝世。1932年春夏，毛泽东在福建汀州傅连暲的福音医院养病，李坚真了解到毛泽东每天的伙食费与一般战士一样，非常感动，深刻体会到党内官兵平等的廉洁作风。

据李坚真回忆说："毛泽东的亲自教诲，使我在政治上、思想上、工作上得到很大的教益。我这个山村贫农的女儿，能不断进步，成长为党的领导干部，与毛主席、周恩来等领袖对我的教育是分不开的。我永生

---

① 高峻：《毛泽东清正廉洁思想的发展及其特点》，《党史研究与教学》，1994年第3期，第7页。

不忘。"①

（3）周恩来的教诲。周恩来为革命鞠躬尽瘁的精神，刚正不阿的品格，诚实待人、平易近人的态度，同样给李坚真深刻的影响。1931 年，李坚真在长汀县任县委书记时，周恩来耐心地给她讲党的政策。周恩来说："抓反革命一定要有充分的根据，一定要进行调查研究。"从此李坚真与周恩来、邓颖超结下了深刻的友谊，多次得到他们的帮助和教诲。周恩来一贯地严于律己，勇于反省自己，勇于承担自己的责任，他曾说："人最难的是认识自己，有了自知之明，就有了一个进步的基础。"② 他总是经常征求下级的意见，进行自我批评，始终注意过好思想关、政治关、社会关、亲属关、生活关。周恩来的一生，艰苦奋斗，谦虚谨慎。每次出行，都轻车简从，唯恐惊动群众或给各地制造麻烦，他说："要使艰苦朴素成为我们的美德。"③ 在三年困难时期，他带头吃小球藻和树叶打的小饼子，不吃肉；洗脸毛巾用得中间已破成丝网了，就从中间剪断，将两端对在一起缝起来接着用；平时和出国时穿的一些内衣都是破了打个补丁再穿；周恩来有一套睡衣是 1950 年初访问苏联前做的，一穿就是 26 个春秋；周恩来没有专门的用餐地点，餐桌就是办公室内会议桌的另一头，用餐的几个白色蓝边搪瓷碗，从 1949 年一直陪伴到他生命的结束。

李坚真始终牢记周恩来的教诲，坚持"坚持原则，不徇私情""掌握证据，调查研究""惩前毖后，治病救人"。十一届三中全会后，李坚真主持了冤假错案平反工作，为受冤者澄清事实，落实政策，加强党风廉政建设、民主和法制建设，为广东省的改革开放、社会经济建设做了卓有成效的工作。她后来多次回忆这些事时都深情地说："周恩来的教导，使我终生难忘。中华人民共和国成立后，我在负责纪检工作和组织工作时，在处

---

① 李坚真：《李坚真回忆录》，中共党史出版社 1991 年版，第 21 页。

② 崇庆余：《周恩来精神初探》，《徐州师范大学学报》（哲学社会科学版），1998 年第 24 卷第 3 期，第 19 页。

③ 崇庆余：《周恩来精神初探》，《徐州师范大学学报》（哲学社会科学版），1998 年第 24 卷第 3 期，第 22 页。

理党员和干部时，总想起周恩来对我的教导，就特别慎重。"①

（4）董必武的指导。1934年，李坚真在党校学习期间，结识了时任中央党校校长的董必武，他此后成为李坚真成长过程中的良师益友。董必武十分注意做好群众工作。在学校他的年龄最大，但每到星期六和星期天，他都去帮群众劳动。作为校长，他以身作则，不仅亲自下地帮助农民种田，还要求学员们帮助周围的群众挑水、砍柴、送肥、洗菜。董必武还自己动手补衣服，和学员同吃同住，不搞特殊。他这种率先垂范的精神，在李坚真心中树立了榜样。

党校的课程主要是马列主义理论课，包括社会发展史、辩证唯物主义和党的建设三门课。社会发展史和党的建设两门课由董必武亲自讲授。他讲社会发展史，用人类的起源和人类发展的历史来说明历史唯物主义的基本原理，阐述人类社会最终必然实现共产主义的历史必然性；结合中国的实际和个人的体会，讲中国社会的发展、地主阶级对农民的剥削和压迫、农民起义、辛亥革命、五四运动等。他知识渊博，讲得深入浅出、生动具体，学员们听起来津津有味。为使李坚真等从农村出来的学员能理解党的基本知识，他用手绘图表解释工厂、车间。这样的讲解使李坚真这个文化程度不高、直率性急、但具有丰富实践经验的学员深受教育。她不仅懂得了深刻的理论知识，还学到了理论联系实际的学习方法和耐心细致的思想工作方法。

董必武分析、解决问题的方法及处理事务的能力，更是给李坚真留下了深刻的印象。党校有位教员违背事实、弄虚作假，董必武知道这件事后，没有轻易表态，他找了各方面的同志谈话，了解情况，搞清了真相后才做出处理。董必武还结合这件事教育大家，共产党员要实事求是，不能说假话，不能弄虚作假，不应争功。董必武处理问题时，不轻信，不偏听，重调查研究，实事求是，是非分明，令人信服，也对李坚真有深刻的教育意义。

---

① 李坚真：《李坚真回忆录》，中共党史出版社1991年版，第33页。

（5）叶剑英的鼓励。叶剑英清正廉洁、克己奉公，对廉洁问题做了许多精辟的论述。李坚真与他同为广东梅州的客家人，早年就相识。1950年，李坚真回到阔别了整整20年的广东工作，与叶剑英共事几十年，她的思想深受其影响。

叶剑英认为，杜绝贪污腐败现象，要从根本上解决各级领导干部的世界观和人生观问题。他要求高级干部带头在改造客观世界的同时改造主观世界，保持与发扬谦虚朴素、艰苦奋斗的优良作风。他洁身自爱，严于律己，不论在什么地方，不论做什么工作，都不为名不为利，不怕苦不怕累，一心为革命，一心为人民。叶剑英强调，干部的道德素质是以全心全意为人民服务为标准的。他常对自己的子女们说："我是一个打杂的，一切都听从党的，党叫我做什么，我就做什么，从不去计较什么名利地位。"[1] 叶剑英严于律己，宽以待人，生活节俭，艰苦朴素。他住房的水电费，主动按月上缴。到人民大会堂开会时，喝茶坚持付茶水费，体现了他廉洁自律的高尚情操。李坚真与叶剑英共事几十年，视叶剑英为良师益友，正如李坚真在敬献于叶剑英灵前的山歌中写的"公求真理作先驱，亮节高风是我师"[2]。

（三）李坚真廉洁作风的体现

据《辞海》释义，"廉"就是"廉隅"，廉为边，隅为角，"廉"指的是堂屋的侧边，引申为品行方正；《辞海》关于"洁"的解释是人的品德高尚。"廉洁"即清廉、清白，主要包含以下几方面的含义：①正直；②不贪暴；③节俭，节省；④不苟取；⑤清白高洁；⑥收敛自约；⑦廉隅，品行端方有志节；⑧廉访，明察；⑨廉俸；⑩价格低平，公道。据此，可以从两个方面对个人廉洁进行考量：一方面是能够节制私欲去除私利，行为唯义所遵、不贪不占，自觉维护他人和公共利益，不损人利己；另一方面，坚守"公正"，行为正当合理，遵纪自律，诚信守诺，不偏不

---

① 谢基昌：《叶剑英廉洁思想初探》，《毛泽东思想研究》，2010 年第 3 期，第 119 页。
② 李坚真：《李坚真山歌三百首》，花城出版社 1989 年版，第 45 页。

颇，平等待人。李坚真的廉洁作风，与传统的廉洁思想一脉相承。

1. 公正求实的作风

实事求是是我党一贯坚持的基本路线和基本原则，李坚真从走上革命道路的第一天起就努力践行这个原则。她曾参与领导和组织了三次土改工作，每一次都认真研究中央的有关政策，吃透政策精神，同时深入实地，在认真调研的基础上，结合当地的具体情况，把原则性和灵活性结合起来，制定切实可行的具体方法和程序，被称为"土改专家"。如，1929年李坚真在闽西根据地开展的土地革命，当时是按闽西党的第一次代表大会通过的《土地问题决议案》的规定执行的，即在土地改革中，没收一切地主土豪及福会公堂的田地，分给无地少地的农民，以乡为单位，按乡村人口数目，男女老幼平均分配，以原耕地为基础，"中间不动两头平""抽多补少"。李坚真在实践中发现，这个原则只实现了土地数量上的平等，但没有考虑到土地的质量和劳动力人口问题，于是在"抽多补少"的基础上，提出"抽肥补瘦""按人口分配土地"的方法。这个方法在红四军前委和闽西特委联席会议中得到了认可，成为土地分配的原则。在局部调整土地时，当时所执行的"何时分田何时得禾"或"青苗跟田走"的政策，使农民害怕自己种的庄稼被别人收了，出现乱割乱杀的混乱现象，严重影响生产。针对这种情况，李坚真召开群众大会，当场宣布"谁人种禾，谁人收割，一切作物归原耕者所有，不跟田走"，这样才把混乱现象制止住了。李坚真通过这件事认识到，制定政策不能仅从主观愿望出发，更要从实际出发。因为有时主观愿望虽好，客观效果却有可能适得其反。

2. 明查勤政的作风

李坚真特别强调要深入基层、实地调查，与群众交谈、向群众学习，当场发现问题，当场解决。她认为，要做好工作，必须了解实际情况，对具体问题做具体分析，必须深入基层进行调查研究，做到"三勤"——腿勤、手勤、嘴勤。

（1）腿勤。就是多往下面跑，走群众路线，深入基层，调查研究，了解真相，以做出客观的判断。她反对主观主义，认为只听汇报，只开会，不做全面、细致的了解，是不可能有科学的决策并很好地解决问题的。要迈开一双脚到区、乡、村，实地调查研究，掌握第一手材料，才能及时发现并解决问题。在战争年代，她随身带一张地图、一个小本子、一个干粮袋、一支手枪、一顶竹笠。走到哪里，就住在哪里，一边了解情况，用各种不同的记号记在本子上。中华人民共和国成立后，在领导岗位上，她经常深入基层了解各地的基本情况，布置任务时就可根据各地不同情况提出不同的要求。

（2）手勤。就是和群众一起干活，走到哪里就拿起锄头或挑起担子和群众一起劳动。通过劳动和群众打成一片，能进一步了解到实际情况，真正解决群众的问题。1932 年，李坚真在长汀县任县委书记时，正值红军扩军。因经过多次扩军，群众中的积极分子都已经参军了，再要动员群众参军就比较困难，加上当时苏区搞肃反扩大化，错杀了一些好人，有些群众不敢参军，一些红军战士也从部队跑回来。李坚真在劳动中深入各家各户，摸清实际情况，了解他们的思想和困难，并进行分类，采取不同的方式处理。对确有困难的就不勉强，思想不通的则单独做好家属和本人的工作，这样区分不同情况去做工作，比较好地完成了任务。

（3）嘴勤。就是多宣传。通过和群众谈心、唱山歌等多种方式，宣传党的方针政策，做耐心细致的思想工作。如中华人民共和国刚成立时，群众对党的政策不了解，敌人撤退时又散布了很多谣言，群众把粮食和贵重物品都藏到山里去了，店铺也关了门。李坚真就逐家逐户地做群众工作，向他们讲解党的政策，解除他们的思想顾虑。中华人民共和国成立后的广东土改工作及改革开放时的整风运动中，面对一些群众和党员、干部的不理解，她专门召开会议，解读党的政策，宣传当时的形势和任务，使不理解的同志了解相关政策，理解其目的和意义。李坚真在实践中总结的工作方法，体现了她明查勤政的作风。

3. 刚直不阿的作风

在李坚真的革命历程中，也曾受到错误的批评和撤职，但她始终保持共产党员的本质和信仰。

在 1933 年的反"罗明路线"斗争中，李坚真虽几次被批斗，但始终不改初衷。罗明时任闽粤赣省苏维埃政府主席，他根据毛泽东的指示，提出发展根据地，建立巩固后方的意见。这与当时临时中央的进攻路线及"猛烈扩军 100 万"的指示相违背，被临时中央认为是"右倾机会主义"。李坚真因与罗明意见一致，也受到批判，被撤销了职务。但是，李坚真始终坚持从实际出发，坚持毛主席的正确路线，实事求是。闽西根据地反对"罗明路线"，实质上是反对以毛泽东为代表的正确路线，李坚真站在正确的立场，与错误的路线进行了斗争。

"文化大革命"时期，李坚真被撤销了省委书记、纪监委书记的职务，但她并没有因此而消沉，对党产生怀疑，而是始终坚信中国共产党的领导，不乱讲话，不污蔑陷害同志。"文化大革命"结束后，她对那些批斗过她的同事，在坚持党性原则的前提下给予谅解，体现了与党中央保持高度一致、胸怀大局、无私的高贵品质。

1958 年，广东省开展了"大跃进"和"人民公社化"运动。在违背客观经济规律的"左"的指导思想影响下，高指标、瞎指挥、浮夸风和共产风严重泛滥起来，一些地方虚报粮食产量亩产五千斤甚至上万斤。李坚真得知这个消息后，心情沉重。她从小就在田里耕种，知道这是不可能的事，而且她也知道虚报的后果将是多么严重。为了弄清真相，她特制了一根刻有尺度的手杖，跑了七个县，亲自到稻田里丈量和计算。在证实了自己的判断后，她逆流而行，大胆地向广东省委作了报告："粮食产量实际上并没有那么多。"

李坚真出生时父母为她起名为李见珍，意为家中得到珍珠。在陕北时，美国著名记者埃德加·斯诺的妻子尼姆·韦斯曾访问过李坚真，在她的著作《续西行漫记》中把李见珍翻译成李建贞。1927 年李坚真到上杭白砂、长汀县南阳一带做群众工作，搞土地革命，负责特委妇委工作，担任特委妇女部部长。1940 年"三八"国际妇女节来临之际，东南局的一个报社约李坚真写篇纪念文章，因李坚真原则性强，办事公道，被同事一致认为是"坚真"的革命同志，建议她改名为"李坚真"。李坚真觉得这个名字很有思想性和政治意义，可时时勉励自己，于是就改名为"李坚真"，并在当年纪念"三八"妇女节的文章上以"李坚真"署名。李坚真这个名字表明了她追求真理、坚贞不屈的共产主义信念。

4. 廉洁为民的作风

（1）遵纪守法、按章办事的思想。李坚真在工作中，坚持以事实为依据，以法律为准绳，带头执行纪律，说话办事始终把法律和纪律摆在前面。

中华人民共和国成立后，李坚真在广东领导开展土地革命，根据中央的方针、政策和叶剑英的指示，土改工作总团制定了工作队员必须遵守的八项纪律，即：①严格执行人民政府的土地改革法令，不得违反；②坚决拥护土地改革，不得包庇地主；③廉洁奉公，不得贪污果实，不得接受贿赂；④尊重人民民主权利，倾听群众意见和批评，不得欺压人民；⑤一切重要问题和大家商量，不得个人决定，强迫进行；⑥依照法律手续办事，不得乱捕、乱罚、乱打、乱杀，不得使用肉刑和变相肉刑；⑦坚决服从上级指示，不得阳奉阴违；⑧严格执行请示报告制度，不得各自为政。李坚真在工作中，对执行有功者予以表扬奖励，对违反者不论何人都按情节轻重予以处分。

1957 年反右派斗争以后，党内"左"的错误倾向同样影响到党的监察工作。在这种情况下，李坚真经常强调执行党纪要做到"五清""三要"，即"事实要查清，性质要分清，界限要划清，责任要分清，思想要弄清；处分要恰当，手续要完备，结论要同本人见面"。她要求纪委办的案子要办成铁案，经得起历史的检验，要坚决贯彻执行"惩前毖后，治病救人"的方针。

李坚真以身作则，对自己亲属也从不搞特殊。她有个侄子，在 1985 年想"顶替"退休的父亲，办理"农转非"吃"商品粮"。那年侄子 41 岁，已经超过政策规定的 40 岁的年龄界限，申请材料被主管部门退了回来，侄子就到广州找到了李坚真，请求李坚真出面说情，李坚真说："共产党不能世袭，不能是一代做官，就要代代做官。你的事情，你的要求，我不能开口，更不能写字。"① 20 世纪 80 年代，李坚真家乡蕉头窝的侄子朱新贤来到李坚真家，带了一份请示，请李坚真签字转有关部门拨款，解决家乡蕉头窝架设高压输电线的资金缺口问题。李坚真对亲友说，不要"等""靠""要"，要自力更生。办事情，不要用她的名义，要依靠自己努力。②

在有关复查反地方主义案件过程中，李坚真通过"解剖麻雀"的方法，研究政策的指导思想、政策界限、审批权限、工作方法等方面的问题。通过召开座谈会，统一思想，做出具体部署，按政策原则解决了一批历史遗留问题，把其中处理不当的实事求是地改正过来，使一部分同志能够重新轻装上阵，这对于调动一切积极因素，安定团结搞四化，是有重大意义的。

（2）惩罚与教育结合的干部管理思想。李坚真坚决贯彻执行干部提拔任用和管理的原则，对干部严格要求。在干部任用问题上，她强调要以历史唯物主义的观点看问题，要顾全大局，维护党的团结，要做到既坚决积极，又慎重稳妥。她时常告诫干部必须一心一意干革命，切勿追求名利。她曾形象地说："不要向党伸手，对伸手的人要'斩手'。"

她在实际工作中严格执行党的干部路线和提拔、任用干部的政策，坚持原则，任人唯贤，坚持在干部问题上搞"五湖四海"，做到公道正派，不管是外来干部还是本地干部，都要一视同仁，不搞亲亲疏疏，反对搞小圈子。对干部任免，她听到不同意见时，就进行充分的调查研究，听取各方面的意见后才提出方案。

她强调对人的处理要慎重，对犯错误的同志一定要贯彻"惩前毖后、治病救人"的方针，要一"看"二"帮"；重事实、重调查，做到实事求是，教育为主，处分为辅；对两可之间（即可处分可不处分、处分可轻可重）问题的处理就低不就高，留有余地。她常说培养一个干部，党组织要

---

① 广东省丰顺县委、广东省丰顺县政府编：《李坚真百年缅怀》，中共党史出版社 2006 年版，第 290 页。

② 广东省丰顺县委、广东省丰顺县政府编：《李坚真百年缅怀》，中共党史出版社 2006 年版，第 289 页。

花很大精力，很不容易，不要干部一犯错误就把他打倒。对犯有错误的干部，要耐心帮助教育，治病教人，尽量挽救，不要一棍子把人打死，要批评教育，分清是非，使干部心服口服，感到温暖，放下思想包袱，更好地工作。她主张：列举错误事实时，不要把互不相干的事情串起来，分析成系统性的错误，算总账；给干部作结论时，注意留有余地，不要轻易上纲上线；在考虑组织处理时，尽可能避免在运动高潮中赶浪头，而要争取做到冷处理；在衡量处分时，要充分考虑从轻的情节。

李坚真对干部知人善任，放手使用，并谆谆教导，亲切关怀。她布置任务，一般只是提出原则要求，具体怎么干就让干部自行发挥主观能动性，也不会三天两头便来查问催办。谈到工农出身和知识分子出身的干部的某些特点和易于产生的通病，她指出这两类干部应当相互学习，取长补短，相互尊重，加强团结。

（3）相信群众、联系群众的亲民作风。李坚真十分重视群众的意见，对基层所反映的事件总是认真听取，及时处理。她强调群众来信来访是对党信任的表现，对来访的群众，一定要热情接待，耐心听取意见，尽力帮助他们解决困难。她从信访中发现"四清"和"文革"有很多遗留问题需要解决，经深入调查研究后，她召集有关部门领导人共同商议，提出解决问题的政策性意见，报经省委同意成立领导小组，在她亲自主持下狠抓落实。

她要求认真做好来信来访工作。对群众的揭发、申诉和控告，要认真处理。凡是重要的来信来访，党的各级纪律检查委员会领导人要亲自过问；对上访者要热情接待，对他们提出的问题要弄清情况，妥善解决；要保护控告人；对打击报复或蓄意诬告好人的，要按党纪国法制裁。

她认为历史遗留的积压案件关系到人民群众的利益和党、政府的威信，要抓紧时间处理好。她组织有关部门与公检法机关密切配合，做好冤案、错案、假案的平反和错划右派的改正工作。对那些在党内搞阴谋活动、破坏党的团结的案件，肆意破坏党的政策的案件，破坏党规党纪和社会主义法制、侵犯党员民主权利的案件，坑害人民、迫害人民的案件，破坏财经纪律和国家统一计划的案件，弄虚作假、骗取荣誉、造成严重后果的案件，由于官僚主义而使国家和人民的利益受到严重损害的案件，坚决彻底的检查处理，决不姑息。凡是有广泛教育意义的典型案件，要通报全党，甚至在报上公布，借以伸张正义，维护党纪国法的严肃性。

5. 规范执纪的作风

十一届三中全会以后，中央很快把工作的重心转移到经济建设上来，但是在党内也出现了新的情况，如大吃大喝、铺张浪费、随意违反财经纪律、不负责任、官僚主义、破坏民主集中制等现象。根据这一新情况，中央恢复了纪律监察的工作部门。1978 年 12 月召开的中共十一届三中全会，做出了把全党工作重点转移到社会主义现代化建设上来的战略决策。同时，会议提出要健全党的民主集中制，健全党内法规，严肃党纪的任务，并决定成立中央纪律检查委员会，选举产生中纪委新的领导机构。1978 年 4 月，李坚真在中国共产党广东省第四次代表大会上当选为省委书记兼省纪委书记。她是广东省在"文化大革命"结束后，恢复纪委并经选举产生的第一位纪委书记。受任于特殊的历史环境，如何在新形势下开展纪律监察工作，是摆在李坚真面前的重要问题。在任期间，她努力探索，深入思考，不断开创纪检工作的新局面。

（1）敢于斗争。中央纪律检查委员会提出：围绕全党的中心工作，协助党委维护党规党纪，搞好党风，严肃党纪，保证党的路线方针政策的贯彻执行，为安定团结地发展社会主义现代化建设服务，就是纪律检查工作的指导方针。

李坚真根据这个指导方针，结合广东省的具体情况，把维护和坚决执行党的十一届三中全会的路线、方针、政策作为广东省纪委的首要任务。李坚真具有很强的政治敏锐性，她清楚地认识到：制定和推行正确的路线，不会没有斗争，对党的十一届三中全会的路线、方针、政策，多数同志是拥护的，少数同志有怀疑甚至抵触，还有极个别的同志表示反对。极个别的党员，对党中央以及党的路线，进行全面的攻击。她指出：这些情况，必须引起我们的注意和警惕。

（2）严明规矩。李坚真认为：纪委在检查党员执行党纪的情况时，要调查了解党员对党的路线、方针、政策的态度；在进行纪律教育时，要把教育党员坚决执行党的路线、方针、政策放在第一位，把党员的思想、行动统一到党中央的精神上来。按照党的民主集中制，党员对党的路线、方针、政策有不同意见，允许在党的会议上提出和保留，也有权向上级直至中央报告，但在行动上必须坚决执行。要严格按民主集中制办事，对那些思想上存在问题的同志，是启发教育、帮助提高的问题；如果在行动上反对，另搞一套，那就要严肃处理了。她还指出：在分析这些问题的时候，要全面，要慎重，不要轻易下结论。

（3）执纪为党。李坚真强调：纪委的工作就是促进四个现代化建设的进行，巩固和发展安定团结，维护民主和法制，消除妨害基本方针的消极因素。

李坚真说："民主法制要加强，两个文明一起上。"随着全党的工作重点转移到社会主义现代化建设上来，任何工作，包括纪律检查工作，都应围绕这个中心去进行。林彪、"四人帮"横行的时候，鼓吹政治可以决定一切、冲击一切、代替一切，这是错误的。必须坚持政治为经济服务这个马克思主义的原理，彻底肃清林彪、"四人帮"极左路线的毒流。以经济建设为中心，并不是忽视政治。她要求广东省要在对外经济活动中实行特殊政策和灵活措施，充分发挥本省的优越条件，在改革经济管理体制方面先走一步，把经济尽快搞上去。

6. 廉洁党风

李坚真说："为了保证党的路线方针政策的执行，为了促进四化建设，必须切实整顿党风。纪委一定要狠抓党风，要在这方面成为党委的主要助手，发挥积极作用。"把开展党性、党风和党纪教育作为整顿党风的一项根本措施。

（1）廉洁党风，必须树"四风"反"三特"。1979 年至 1980 年间，中央组织学习宣传中共十一届五中全会通过的《关于党内政治生活的若干准则》的活动。在学习中，李坚真强调要树立"四风"，即严守党的纪律之风，维护党的团结之风，力行廉洁奉公之风，恪尽全心全意为人民服务之风。要反对"三特"，即反对搞特权，反对生活特殊化，反对当特殊党员。

1979 年 3 月，针对当时存在的利用职权用不正当的手段送子女家属去港澳地区或带头组织偷渡、引渡风，以权谋私、搞特殊化风，违反规定滥批农业人口进城入户风等不正之风，李坚真坚决采取措施。在狠刹这三股歪风的过程中，全广东省县以上纪委共检查处理了 1 100 多宗违纪违法案件，其中省纪委直接查处的有 18 宗，涉及省管以上干部 14 人。通过狠刹三股歪风，广大党员干部受到了一次生动深刻的法纪教育，也使全省的党风状况有所好转。

（2）廉洁党风，必须进行反腐蚀教育。李坚真认为"倡廉"必须"反腐"，反腐败要从思想入手，树立廉洁的思想观念，纯洁党员的理想、信念，使每一位党员充分认识到腐败对党、对社会、对家庭和对个人带来的危害。为此广东省纪委专门发出了在全省党员干部中加强反腐蚀教育的通知，并选印了 24 宗案件剖析材料作为反腐蚀教育的参阅教材。教育活动取得了预期的目的和效果，提高了全省党员干部的思想政治素质，也摸索出了一些经验，纯洁了党的组织和队伍。

（3）廉洁党风，必须领导干部带头。李坚真指出："整顿党风，首先要从各级领导机关搞起，从领导干部搞起。'上梁不正下梁歪'。领导作风正了，全党的党风才能搞正，社会风气也才能搞好。各级领导干部要深刻认识到自身作风的重要，认识到责任重大性。"她要求领导干部要深刻认识到搞好自身作风的重要性，认识到责任的重大性。党内的干部特别是领导干部，不能严格要求自己，就不能保持党的无产阶级性质、发挥党员的先锋模范作用，影响党和政府在人民群众中的威信，影响党和群众的关系。要搞好领导干部的作风建设，就是要充分发挥党组织和群众对党员、党员领导干部的监督作用，领导干部更要严格要求自己，主动接受党员群众的监督。党内要形成良好的政治环境，领导班子内部要交心通气，开展批评和自我批评，有事要摆到桌面上来。要严格遵守党的纪律，坚持个人服从组织，少数服从多数，下级服从上级，全党服从中央，不能存在游离于组织纪律之外的特殊党员。

（4）廉洁党风，必须加强党纪党风建设。粉碎"四人帮"以后，经过深入开展以拨乱反正为主要内容的整风运动，党风有了较大的改进，比较明显的是：乱批、乱斗、乱罚、打骂群众、侵犯人权、破坏法制的歪风和严重瞎指挥、虚报浮夸、骗取荣誉的现象有所克服；家长式统治、凌驾于党委之上、压制不同意见、打击报复的行为有所减少；一切从本本出发、思想僵化的思维方式也开始有了转变。但是，在党风有了较大改进的同时，也还存在不少问题，而且有些还是相当严重的。比较突出的是：向往港澳，羡慕资本主义；偷渡外逃，假公济私，行贿受贿；权钱交易，以职权谋私利，搞特殊化；欺压百姓，胡作非为；搞派性，不团结，不按党的原则办事；官僚主义、主观主义、形式主义盛行，生活作风腐化堕落，大吃大喝、铺张浪费、违反财经纪律等问题亟待解决。

李坚真认识到形势的严峻，认真分析，查找原因，进行纠正。她认为出现这些腐化堕落现象，关键是一些党员干部的思想出了问题，理想信念淡化，责任意识淡薄。她指出：反腐败必须对党员进行党纪党风教育。当务之急是对广大党员进行生动活泼的党纪党风的教育，以《关于党内政治生活的若干准则》为主要教材，采取整风学习的方法，理论联系实际，联系本地区、本单位的实际，抓住在党风方面存在的主要问题，查危害，找原因，分清是非，提高认识，主动整改。

同时，李坚真要求大力表彰和宣传那些发扬党的优良传统作风、模范遵守党规党纪、敢于同不良倾向做斗争的党组织和党员，伸张正气、树立榜样，发现和收集好典型，总结经验，使广大党员学习有榜样、行动有方向。

（5）廉洁党风，必须加强对党风情况的调查研究。通过调查研究发现党内有不正之风的苗头时要及时处理。李坚真向党委建议，在党内打招呼、敲警钟，做好预防工作；要研究政策、措施、制定规章制度，用规范约束权力，使大家懂得我们应该提倡什么反对什么，起刹风的作用；要采取"教育为主、惩处为辅"的工作方法，在处理上采取"过去从宽，今后从严"的方针。但是，这不等于对某些败坏党风、违法乱纪的重大案件，也不进行检查处理。对于违法违纪的党员，特别是党员领导干部，有关其严重败坏党风、违法乱纪的案件，必须进行检查处理。这样才能达到既教育犯错误的同志，也教育广大干部和群众的目的。

7. 强化党内监督

中国共产党在十一届三中全会以后，确立了以经济建设为中心，逐步恢复了社会主义的法治体系，严肃了党纪。但是，社会上也出现了一种麻痹思想，认为"党的监察委员会快无事可做了"。李坚真认为这样的想法是错误的，是对社会经济形势缺乏深刻认识的表现。虽然，十一届三中全会后社会主义建设和党的建设取得了伟大的成就，但是，党内仍存在着一些不良倾向，甚至有少数的党员严重地违反党的纪律。主要表现在：有的党员在贯彻执行党的生产政策和国家计划时，采取官僚主义的态度，造成工作损失；有的党员漠视人民群众疾苦，帮派意识严重，一些人的头脑中仍保存着封建残余思想。李坚真认识到这些问题的存在是十分危险的，因此，要特别重视建立完善党内的监督机制。

李坚真针对党内出现的新问题，提出要加强调查研究，不断探索新形势下搞好党风廉政建设的新路子。她在全省监察工作会议上多次强调：①必须紧紧围绕党的路线和各个时期的中心任务来开展监察工作，并坚持为实现党的路线和各个时期的中心任务服务的原则；②查处案件必须坚持严肃和慎重相结合的原则；③坚持把查处案件执行党纪和开展经常性的党纪教育结合起来的原则；④必须坚持走群众路线，注重调查研究的原则；⑤坚持实事求是，有错即纠的原则；⑥坚持严格执行有关党员处理的审批手续和审批权限规定的原则；⑦必须坚持以党章的规定和中央确定的政策、法规作为辨别是非的标准，作为区分和处理各类问题的界限的原则；⑧必须认真做好控诉、申诉和人民来信来访工作的原则；⑨必须主动争取党委的重视，坚持依靠各级党委和组织来做好监察工作的原则；⑩必须严肃办案的纪律和坚持保密工作的原则等。这些原则至今仍具有指导意义。

李坚真认识到在新形势下建立和完善纪检监察机构具有重要意义。她强调，监察委员会是执行党的纪律的机关，其任务是检查和处理党员违反党章、党纪和国家法律、法令的案件，纠正党内存在的各种错误行为，是共产党自我纯洁的机制。所以，监察工作的主要任务，是在党委的统一领导下，结合党的中心工作，加强检查处理存在党内的官僚主义、不执行党和国家政策以及破坏党的团结、压制民主、打击报复等行为；查处贪污腐化、违法乱纪等行为；教育全体党员和人民群众，并且教育受处分者本人，以减少党内错误的发生，加强党的战斗力量，保证党的路线的正确贯彻执行。1979年，省纪委会同省委组织部联合发出了《关于企事业单位和人民公社设置纪律检查机构的通知》，要求各企业、事业单位和人民公社的纪律检查机构要配备一定的专职或兼职干部，规定"纪律检查委员会的正副书记、纪律检查组的正副组长和公社专职纪律检查委员的调动，应事先征求上一级纪律检查部门的意见"。

在她的领导下，广东省迅速建立完善了纪委工作机制，进一步明确了纪检部门的工作职责以及与其他部门的相互关系。至1980年底，全省90多个县（市）一级党委，都选举产生了新的纪律检查委员会，并根据工作需要进一步健全了结构，充实了力量。多数县（市）配备了2名专职纪委副书记，大部分公社一级党委配备了1名专职或兼职的纪检委员。在省直机关中，35%的厅级单位也建立了纪检机构。

李坚真认为"打铁还需自身硬"，必须建设政治素质过硬、纪律严明的纪检监察部门和纪检监察队伍。纪检监察部门，要严格监督执行党的政策与国家的法律、法令和制度。要像保护自己的眼睛一样，来保卫政治民主和党内的民主，遏制党内的官僚主义。

党的监察部门要坚决地克服自身存在的官僚主义、主观主义的思想作风，加强调查研究；密切地依靠和支持党内外群众，开展反对各种违反党纪国法的斗争；认真地做好党的基层组织的监察工作和纪律教育工作。在一次有全省各地纪委书记参加的座谈会上，李坚真激情满怀地吟唱山歌一首："竹筒探水两头通，蚂蚁走路一条龙，黄蜂含泥嘴要稳，蜘蛛织网在肚中。"声韵铿锵，比喻生动，语言显浅而含意悠长，表达出她对纪检干部的关怀和期望。

李坚真深知，纪检监察工作政策性强，需要对纪检干部进行业务培训和政治教育，提高纪检干部的政治素质和业务水平。为此，她要求各级纪委要紧抓纪检干部的学习和培训，健全工作制度，努力提高工作效率。她还组织省、地两级纪委协同省、地委党校分别举办了纪检干部培训班，创办了内部刊物《纪检通讯》。

对于纪检干部队伍的建设，李坚真同样有精辟论述："作为纪检干部本身，应当做到三条：①真正确立全心全意为人民服务的思想，牢记共产党员的先锋模范作用；②坚信党中央的路线、方针、政策；③办一切事情都要出于公心，真正做到实事求是。"又说"实践证明是正确的，就坚持；是不对的，就改正。不空想，不迷信，不盲从，一切以实践为标准，这就是服从真理。纪检干部要为真理而斗争。在作风上要胆大心细。要不怕困难，不怕阻力，敢于坚持原则，又要头脑冷静"，"要把敢于斗争和善于斗争结合起来"，"要按中央纪委的'约法三章'办事。凡是纪委要求党员做到的，纪委的干部自己首先要做到"。①

8. 朴实廉俸

李坚真献身中国革命事业 60 多年，忠于党，忠于人民。她尊重群众，全心全意为人民谋利益，深刻关注人民的呼声和愿望。她不顾个人得失，不计荣辱进退，处处以大局为重，处处为国家人民利益着想。谦虚谨慎、艰苦朴素、诚恳爽直、率先垂范、廉洁清正是她为政的鲜明特征。她常说：共产党是解放全人类的，所以要求每个党员必须是最纯洁、最忠诚的战士。

李坚真始终保持劳动人民朴实、纯真、诚挚、热情、坦率、爽朗的本色和平易近人的性格。她和蔼可亲，毫不居功自傲。她遵守规矩，出差自己按规定带钱、带粮票，招待费按标准严格执行，临走时结好账。

---

① 广东省丰顺县委、广东省丰顺县政府编：《李坚真百年缅怀》，中共党史出版社 2006 年版，第 236 页。

她艰苦朴素，粗衣淡饭，俭朴度日。生活中，她在院子里靠近厨房的地方放一张很矮的饭桌，平时同家人就坐在小板凳上吃饭。她对干部非常关心，对家庭生活特别困难的同志，给予福利补助；对长期下乡的同志，关心他们的家庭情况，遇事帮助照料；对有病的同志，则少安排或不安排出差等。在细微之处体现了她对同志的关心和爱护。

　　她真诚待人，朴实无华。虽身居高职，却时刻注意基层干部的特点，办事交谈力求用词通俗、简单明了，文风朴实，没有官气。与上下级都称"同志"，在她的影响之下，省监委的许多干部都养成了彼此不以职务相称的好习惯，不论是同级还是上下级，都能够和睦共事。她谦虚直率，发表意见，表示态度，从来都是一就一，二就二，直来直去，不会拐弯抹角、模棱两可。她同干部融洽相处，上上下下都亲切地称她为"李大姐"。

　　她密切联系群众，关心群众疾苦，关心爱护干部。她特别交代身边的工作人员，有人来访，除非她有急事，都不要阻拦。她对干部政治上严格要求，对干部的缺点，多采取谈心形式，耐心启发诱导，使干部感到温暖亲切。

　　她廉洁自律，艰苦朴素，始终保持劳动人民的本色。她对亲属和身边工作人员提出：不准过问工作内容、不准打听不应该知道的机密、不准接受别人委托办事的"三不准"要求，下乡要交粮票和基本伙食费，实在推不掉的土特产要付钱。

　　李坚真的廉洁风范，还体现在日常生活和工作的点滴之中。李坚真结婚时，组织把打土豪得来的一床毛毯分配给她，这毛毯伴她终生。在家吃饭是用一张不高的四方桌，配几张苦楝树的凳子。一张2角9分的凳子她一直用了30多年。天气热没有风扇，便买了一个厨房用的排气扇，外装一个木框当作风扇用。有一次丰顺县文化局领导去见她，带了一瓶2斤的蜂蜜作礼物，李坚真问明价钱，坚持按价付款后，才收下蜂蜜。她的亲戚到广州旅游她从不派车，绝不占用公共资源，都是自己出钱让他们坐公交车出行。托她办事，无论公事还是私事，她都依章办事，决不搞特殊。地方政府要为她修房屋，对亲友的各种诉求，她照样坚持原则，要求按照一般农民那样去解决，不能给予特殊照顾。

"两袖清风不染尘，丹心一片火般温""皎洁幽雅报春花，一盆清水可安家；能上能下情操美，高风亮节赞声夸"是李坚真唱的山歌，也是她清正廉洁高贵品质的写照。

（四）李坚真廉洁作风的意义

党的十八大以来，全党全国认真学习贯彻"十八大"精神，贯彻执行习近平总书记系列讲话精神，落实从严治党的决策部署，以前所未有的决心，不断推进党风廉政建设，形成反腐败的高压态势，为实现"中国梦"提供了有力的保障。当前，经济平稳发展，综合国力大幅提升，创新型国家建设成效显著，载人航天、探月工程、载人深潜、超级计算机、高速铁路等实现重大突破；生态文明建设扎实展开，资源节约和环境保护全面推进；开放型经济达到新水平，进出口总额跃居世界第一位；人民生活水平显著提高；中国特色社会主义法律体系形成，党的建设全面加强；党的执政能力建设和先进性建设继续推进，思想理论建设成效明显。但是，同时也存在一些问题，如发展不平衡、不协调、不可持续；社会矛盾更加复杂和多发；一些领域道德失范、诚信缺失；少数党员干部理想信念动摇、宗旨意识淡薄，形式主义、官僚主义问题突出，奢侈浪费现象严重；一些领域消极腐败现象易发多发，反腐败斗争形势依然严峻等。

在意识形态领域，西方意识形态时时刻刻以各种方式对我国进行渗透。拜金主义、享乐主义、金钱至上以及各种腐朽的生活方式严重侵蚀我们的党员和干部，执政的中国共产党不可避免地遭到了理想信念危机的挑战，人们对党和政府的政治认同发生变化。由于利益驱使、不同价值观念的影响，少数人的理想信念发生变异，思想的变化导致行为也发生变化，表现为思想作风低劣和违法乱纪等。

如何应对这样新情况、新矛盾、新问题、新经验、新事物层出不穷的时代并在各种竞争中始终处于有利地位，是中国共产党亟须解决的课题。习近平总书记说："坚持解放思想、改革创新，坚持党要管党、从严治党，全面加强党的思想建设、组织建设、作风建设、反腐倡廉建设、制度建设，增强自我净化、自我完善、自我革新、自我提高能力，建设学习型、服务型、创新型的马克思主义执政党，确保党始终成为中国特色社会主义事业的坚强领导核心。"在世情、国情、党情继续发生深刻变化的情况下，挖掘和总结老一辈革命家的廉洁思想，弘扬他们廉洁奉公、清正为民、勤俭朴素的高尚品质和个人情操，不仅能传承党的优良传统，学习老一辈革命家的高尚品质，更可以为党风廉政建设提供精神营养。

1. 李坚真廉洁作风在党的思想建设中的作用

中国共产党历来把思想政治建设摆在党的建设的首位。这是党提高自身凝聚力、战斗力的一条十分重要的经验，也是党始终保持工人阶级先锋队性质、坚持拒腐防变的一项根本性措施。加强理想信念的教育，树立正确的世界观和人生观，对于每一个党员、干部来讲，无论过去、现在和未来，都是一个重要的课题。

李坚真清正廉洁，心系人民，在长达几十年的奋斗生涯里，用她顽强的意志力和不屈不挠的拼搏精神，保持过去革命战争时期的革命热情和拼搏精神，把革命工作做到底。她的廉洁思想多以山歌为表现形式，以言传身教为特征，以率先垂范为表现，在对党员进行廉洁思想教育的过程中具有亲切感、具体性、标杆性，容易被广大党员干部接受和学习。因此，挖掘她的廉洁思想，弘扬她的廉洁精神，有利于增进广大群众、党员、干部对党的价值观念的认同，有利于对广大党员、干部进行理想信念的教育，形成正确的世界观。

以李坚真为教育范本的廉洁作风，有利于塑造领导干部的清廉品格。李坚真以勤俭为本，杜绝奢侈浪费、贪污享乐的品质；克己奉公，在工作和生活上不搞特殊化、不贪图物质享受，保持艰苦朴素的作风。其就像是一面镜子，使党员领导干部认识到清正廉洁不仅是应有的职业道德，更是各级领导干部应具有的政治素养，是党和人民最起码的要求。这种品格能使人增强精神"免疫力"，使人常思贪欲之害，常弃非分之想，常修为官之德；使人不陷入财、情、色的漩涡，做一个品德高尚的人。新的历史条件下，大力弘扬李坚真等革命先辈的廉洁事迹，无疑给广大干部提供了一种文化范式，对促进广大干部廉洁意识的培养、塑造广大干部的清廉品格有着重要的作用。

2. 李坚真廉洁作风在党的组织建设中的作用

李坚真的廉洁作风能够促进党的组织整合，增强党组织的战斗力和凝聚力。通过对李坚真的廉洁作风、事迹的宣传、树立李坚真廉洁作风的标杆，能够增强人民对党的政治认同感和党对人民的吸引力，不断扩大和增强党执政的阶级基础和群众基础，从而促进党组织的自我完善、自我净化、自我革新，增强党组织的战斗力和凝聚力。

李坚真公道正派、艰苦奋斗、质朴守信的精神，能使各级党组织和广大党员、干部自觉养成廉洁自律的习惯，树立以廉为荣、以腐为耻的浩然正气。这样的党组织、党员、干部必然得到人民群众的赞扬和支持，成为人民群众的领导者，对人民群众产生吸引力，人民群众才能发自内心地拥护党组织并愿意加入党组织中来，才能不断地扩大党组织，夯实党组织坚实的群众基础。

李坚真以其质朴而厚重的人文内涵营造出一种勤劳实干、脚踏实地、自强不息、清正廉洁的道德环境和舆论导向，筑牢抵御腐朽思想文化侵袭的思想道德防线，提高党员干部的廉洁意识，形成廉荣贪耻的价值取向和社会风尚。引导党员干部牢固树立正确的世界观、人生观、价值观，永葆蓬勃朝气、昂扬锐气和浩然正气，增强使命感和责任感，真正做到为官一任造福一方，为中国特色社会主义事业做出应有的贡献。

加强对李坚真等革命先辈的廉洁事迹的宣传，让他们的廉洁作风和事迹上报刊、上电视、上网络、进岗位，使廉洁成为一种习惯，有利于在全社会培养廉洁理念、树立廉洁意识、营造廉洁氛围；大力推进社会廉洁文化建设，使广大干部从内心意识到贪污腐化不仅违背了社会道德，也触犯了社会主义法律，必然受到人们的谴责和法律的制裁，从而形成领导干部廉洁从政的道德环境和舆论氛围，更好地推进廉政建设。

3. 李坚真廉洁作风在党的作风建设中的作用

弘扬李坚真廉洁思想，可以更好地坚持艰苦奋斗的优良作风，激发人们积极向上的精神。针对一些人骄傲自满、贪图享乐的思想，及时提出告诫，能够促进党的干部生活作风建设，坚持清正廉洁，有效预防和反对腐败。

中共中央《关于加强和改进党的作风建设的决定》指出："领导干部的生活作风不是小事。一些干部道德操守不佳，行为不检点，影响党的形象和威信。一些人走上腐化堕落、违法犯罪的道路，往往是从贪图安逸、追求享乐开始的。"由于长期的和平建设环境和改革开放后生活条件的改善，不思进取、贪图享乐、骄奢淫逸的思想，在一些干部中滋长起来，这是当前腐败现象产生的一个重要原因。要解决这些问题，重要的方法之一是从小事抓起，从领导干部的生活作风抓起。李坚真勤劳实干、刻苦务实、团结互助、开拓进取、艰苦奋斗、质朴守信的思想，展现了领导干部廉洁生活作风的内涵。因此，弘扬李坚真的廉洁思想，既是党的作风建设的需要，也反映出人民群众对清正廉洁的执政行为的迫切期望，必然促使广大干部形成优良的生活作用，真正做到为民、务实、清廉，常修为政之德，常思贪欲之害，常怀律己之心，自觉抵御拜金主义、享乐主义、极端个人主义等消极腐朽生活方式的侵蚀，牢固树立党在人民群众中的良好形象。

4. 李坚真廉洁作风在惩治和预防腐败体系建设中的作用

李坚真的廉洁作风潜移默化地引导了广大党员干部的德行与行为，把李坚真特有的廉洁作风内化为思想准则和道德准绳，外化为倡导廉洁的自觉实践，为形成廉洁的社会风尚提供环境条件和文化支撑，为建立党风廉政提供理论源泉。以廉为荣的浓厚氛围给贪图享乐、奢侈浪费、追名逐利等腐败行为造成巨大的社会舆论和社会心理压力，从而有效地遏制腐败现象的滋生和蔓延，达到干部廉洁、政治清明的目的，必然促进党组织和党员、干部自律自戒机制的生成，使人不思腐败、不想腐败、排斥腐败，自觉实践廉政。

李坚真的廉洁作风，为当前权力运行的制约和监督机制的建立提供思路。李坚真强调在实践中要增强责任感和使命感，关心国家前途，关心群众疾苦，为群众办好事、实事，努力维护好最广大人民的利益，积极发挥监督主体在反腐败斗争中的作用。她的廉洁为政、清正为官、党内监督等思想，为积极探索当前权力运行的制约和监督机制的有效方法，确保权力正确行使，保证党风廉政建设工作健康发展提供了思路。

5. 李坚真廉洁作风在社会廉洁文化建设中的作用

加强廉政文化建设，既要净化党内风气，保持共产党的先进性，也要净化社会风气，形成良好的社会道德风尚。廉洁文化是以文化的形式表现出来的廉洁思想、理念、制度和行为方式的总和，文化的作用概言之即人文化成，也就是通过营造一个浸润一切的巨大无边的环境，以潜移默化的方式达到影响、改变人们的心理认识和行为方式的效果。自古以来，人类社会就是廉洁文化与腐朽文化斗争的舞台，故《韩非子·奸劫弑臣》云："我不以清廉方正奉法，乃以贪污之心枉法以取私利是犹上高陵之颠，堕峻溪之下而求生，必不几矣。"显然，若让腐朽文化占据了社会的主导地位，社会风气就会败坏，执政者的优良作风就会如同逆水行舟，困难重重。要除掉地里的杂草，最好的办法是种上庄稼；要去除心底的邪念，最好的办法是用美德占据头脑。因此，要抵制腐朽文化，唯有大力弘扬廉洁文化，借助文化特有的形式和影响力，才能有效地倡导廉洁，淳化社会风气。

李坚真的廉洁作风有利于社会廉洁文化的建设，丰富社会廉洁文化建设的思想内容。李坚真是一个从社会最底层成长起来的党的高级领导干部，她从童养媳成长为省委书记，历经风霜，在艰苦的斗争中始终保持着共产党员的本色。她艰苦奋斗、清正廉明、锐意进取、崇尚节俭、是非分明、一身正气的精神和情操，大大丰富了廉洁文化的内容，为当今社会进行公民道德建设提供了丰富的营养成分。宣传李坚真的廉洁思想，对于端正人心、整顿社会都具有重要的价值，有利于在全社会培养廉洁理念、树立廉洁意识、营造廉洁氛围，形成大力推进廉洁文化建设的社会环境，从而使广大群众特别是党员、干部明辨是非、把握方向，树立正确的世界观、人生观和价值观，自觉养成廉洁自律的习惯。

李坚真的廉洁作风是通过她的言行表现出来的。她以德感人，以理服人，以情动人，用朴素无华的山歌告诉人们深刻的革命道理和共产党员的信仰。她用自己的行动展示了共产党员的高尚品质，在生活中赢得了人们的认可。这也给我们一个启示：社会廉洁文化的建设，充分利用大众媒体覆盖面广、传播快、群众关注程度高、具有很强的渗透力和感染力的特点，能够迅速向社会的各个领域延伸和覆盖。

　　李坚真的廉洁作风对于净化社会风气无疑起着十分重要的作用。它有利于在全社会形成廉洁的氛围，促进社会主义和谐社会建设。对于引导公职人员和领导干部提高廉洁自律意识，发挥工作积极性和创造性具有重要意义。通过弘扬李坚真的廉洁思想，还可使社会各个阶层形成共同的价值观念，增强归属感、认同感，进而增强民族的凝聚力，为经济和政治的发展提供强大的精神动力。

二、李光耀

　　李光耀，祖籍广东梅州大埔县。自20世纪50年代末起担任新加坡总理30多年，他领导新加坡取得了举世瞩目的成就。在其执政期间，新加坡经济高速增长，国内生产总值的实际年均增长率高达8.9%。到20世纪90年代，新加坡人均GDP达2.23万美元，超过了英国和新西兰等老牌资本主义强国，一跃跨入发达国家行列。同时，新加坡在经济腾飞过程中，不但避免了许多发展中国家腐败丛生的局面，相反政府始终保持高效廉洁，成为世界上极为少数的成功预防贪污腐败现象发生的国家之一。在透明国际组织发布的清廉指数排行榜上，新加坡一直位居前列，尤其是在该组织公布的2010年廉洁度排名中，新加坡更是与新西兰、丹麦等一起并列排名第一，成为全球最清廉的国家。新加坡政府之所以能保持高效廉洁，与李光耀始终高度重视廉洁思想教育和廉政制度建设是密不可分的。具体来说，李光耀的廉洁思想主要体现在以下几个方面。

（一）倡导以德倡廉

　　所谓"以德倡廉"，即通过道德教育提高公职人员的自律能力，从思想上抵制、杜绝腐败的念头，从而达到使人不想贪腐的目的。

　　李光耀特别注重以儒家思想来治理国家。他将儒家道德归纳为"忠孝仁爱礼义廉耻"等"八德"，其中的"廉""耻"与廉政直接关联，通过以德倡廉，廉洁、廉正已成为新加坡普遍接受和共同信守的政治文化。新加坡政治文化的一个主要特点，用李光耀的话说就是"当领袖的人不能自私自利或以自我为中心。人民行动党的每个干部都必须抱着利他主义，有一种肯为同胞做事的气概"。在新加坡，政治文化是一种价值符号。人民行动党的党徽以白为底色，人民行动党的党员在重大活动中一律穿着白色衣裤，其象征意义正是执政清廉。在新加坡，政治文化也是一种生活方式，更弥漫于政治环境之中，李光耀说："廉洁的政治环境，是我国最宝贵的资产。在这样的环境里，掌管政府、主要机关和大学的人，都是一群廉洁、可靠、能干并且致力于为国人创造一个美好前途的人。"

李光耀曾担任国际儒学联合会名誉理事长，对儒家思想有着非常深刻的理解和研究，他认为如果能够正确运用儒家的原则，可以维护新加坡的统治和发展。随着国家日渐现代化，原有的社会道德和价值观日益蜕变，西方倾向加剧。部分新加坡人特别是青少年对传统文化不甚了解，全盘接受西方文化，导致思想和生活方式受到不良的影响，这是过于倾向西化的不良后果之一。李光耀认为，抵制这种不良后果最安全的办法是在文化上加以预防，重新发扬东方的传统美德来抵抗西方部分颓废思想的侵蚀，他提出了在技术上依赖西方，在精神文化上固守东方的方针。新加坡政府教育其公民要团结、中庸、克己奉公、为国为民，把新加坡建设成为东方文明的礼仪之邦。只要青年及早接受优秀传统价值的熏陶，就可以避开西方的歪风和偏差而不受其害。因此，新加坡政府进行的思想道德建设是寻找那些有用的、有潜力的切合新加坡特殊环境的传统思想，特别是把儒家的"忠、孝、仁、爱、礼、义、廉、耻"视为儒学思想的核心，提倡把这八字化为新加坡人的具体行动准则，并一一赋予新的含义。由新加坡国会同意通过的《共同价值观白皮书》，建议把五组核心价值观作为新加坡公民共同的价值观念体系的基础。

"忠、孝、仁、爱、礼、义、廉、耻"同时也是政府必须执行的治国纲领。针对东方传统文化价值观，李光耀强调指出：必须给予这些价值观一种现代化的符合新加坡国情的表达方式。因为儒家传统文化价值观毕竟是封建社会的产物，若将其用于现代社会必须剔除其腐朽落后的内容，赋予其适应现代社会生活的内容和形式。否则，必将带来消极影响，阻碍社会进步。所以李光耀和相关学者结合新加坡的情况，对这八个字做出了合乎新加坡国情的解释，使之成为新加坡人民共同接受的价值观。具体表现在以下几个方面：

"忠"，就是要忠于国家。即要把国民培养成具有强烈凝聚力的新加坡人，使国民有强烈的国民意识。这也是增强民族凝聚力的根本途径，防止青年一代离心力增长的有效途径。李光耀所倡导的"忠"的具体内容包括：一是归属感。即每个新加坡人都应意识到自己是新加坡人，归属于新加坡，即把新加坡看作自己的乡土而扎根于斯。二是国家利益第一。强调新加坡人应忠于自己的国家、热爱自己的国家，必要时牺牲生命来维持国家利益。三是增强群体意识，把国家利益放在首位。

"孝"，就是要孝顺长辈、尊老敬贤。李光耀认为孝道是伦理道德的起点，孝道可以稳固家庭，能培养年轻人的家庭责任感，他们一旦走上社会，必定会忠于职守，忠于国家，成为国家和社会的顶梁柱。李光耀说，家庭是最神圣不可侵犯的，是巩固国家、民族永存不败的基础，这与儒家文化强调的"家齐而后国治，国治而后天下平"的思想一脉相承。在家庭道德中，孝道是最重要的道德。新加坡奉行"百善孝为先"的价值观念，在全社会形成了尊敬老人、关怀老人和孝敬父母的社会风气。在处理种族、宗教、劳资及新老两代人之间的关系上，也坚持和谐至上的人际关系准则。

"仁"，就是要关心他人，要有同情心和友爱精神。李光耀号召新加坡人都要当"仁爱君子"，做一个"有人情味的人"。年轻一代和老一代要和睦相处，老一辈要关心年轻一代，年轻人应尊重老人。每个公民要有爱心，为自己的家庭着想，也要为社会多做贡献。这也是继承了儒家仁爱思想的精华，结合新加坡实际国情做出的道德要求。孔子以仁为人生追求的最高道德境界，强调"己欲立而立人，己欲达而达人。己所不欲，勿施于人"。就家庭关系而言，每个公民都要有爱心，要为自己家庭成员着想。

"礼"，就是要求讲究礼貌、坦诚守信。礼仪是人与人相处的基本准则，李光耀强调"礼貌是文明社会的一部分""礼貌是一种美德"，新加坡应该成为一个人人讲礼貌的"礼仪之邦"。李光耀认为，有礼貌的人会使人感到安然自在，因为他们是以人与人之间互相尊重的态度来对待别人。即使我们有时不能做到做每件事对每个人都衷心有礼，我们还是有必要保持礼貌的形式。李光耀认为礼尚往来能够产生良性互动的关系，"你以礼待人，人家也会以礼待你。你对人无礼，人家也将对你无礼"。

"义"，就是信义。其主要包含如下含义：一是政府和人民之间要互相信任，首先是领导人要言而有信，对人民做出的各种许诺，一定要说到做到。另外，人民也要相信政府，坚信他们的领袖是以人民的利益为目的。只有达到这两方面的信任，新加坡才能前途无量。二是新加坡各族人民之间相互信任，融洽相处，只有这样，才能避免各种族冲突，实现长治久安。三是每个人之间要坦诚守信，不要欺诈和见利忘义。

"廉"和"耻"，就是要秉公守法，清正廉洁。李光耀倡导"八德"，以德治国，正是在继承、发扬知廉耻精神的基础上，改进、创新廉耻的具体内涵。李光耀说，耻就是知美识丑，廉洁奉公不仅表现为不以公共权力为本人和家人牟取私利，也表现为办事公道，不徇私情。儒家传统十分强调执政的至正大公。儒家经典《尚书·洪范》云："无偏无陂，遵王之义；无有作好，遵王之道；无有作恶，遵王之路。无偏无党，王道荡荡；无党无偏，王道平平；无反无侧，王道正直。"因此，偏颇不正、结党营私与儒家理想中的王道政治格格不入。李光耀在防治腐败方面的身体力行使儒家至正大公的王道理想付诸现实，强调绝不容许任何行动党议员或部长利用本身的职权牟取私利。新加坡肃贪倡廉之所以能取得很大的成效，除了新加坡严明的法律外，另一个主要的原因就是新加坡从小学到中学进行的道德品质教育，其中包括儒家伦理教育。

实践证明，新加坡对儒家文化采取了分析的态度。他们不是盲目照搬，而是根据自己的情况做出一番比较、鉴别、分析、综合，然后决定从中吸取什么，舍弃什么，使儒家文化传统价值观具有一种符合现代新加坡需要的表现形式。

对儒家思想文化的弘扬和改造，是新加坡建立新文化的重要步骤。因为儒家文化不仅是多数人的传统文化，而且它有其自身的价值，正如李光耀所说的，儒学并不是一种宗教，而是一套实际和有理性的原则，目的是维护世俗人生的秩序和进展。可以这么说，儒家的道德是维持新加坡政府廉洁的思想武器，对新加坡廉政建设发挥了不可低估的作用，尤其是"八德"中的"忠、廉、耻"与廉洁品质有着更为直接，更为密切的关系。

"忠"的含义是尽心竭力，忠诚无私，"公家之力，知无不为，忠也"。李光耀认为忠就是要忠于国家，有国民意识，因此李光耀说："对谁是新加坡人的决定性检验，在于看他是否把自己的命运与新加坡联系在一起，挺身而出，为新加坡而战斗……新加坡人是一个出身、成长或居住在新加坡的人，他愿意保持现在这样一个多元种族的、宽宏大量的、乐于助人的、向前看的社会，并时刻准备为之献出生命。"

为了培养新加坡人忠诚的国民精神，新加坡政府采取了很多措施，比如说，小学从入学开始，每天都要举行升国旗仪式，以从小培养对国旗、国家的自豪感。同时政府还大力鼓励唱爱国歌曲，以此来向人民灌输爱国主义思想。另外新加坡还制定了国民服兵役制度，要求年满18周岁的男青年在高中毕业后都要服兵役一至两年，以此来培养他们的忠诚意识。

"廉"本身就是廉洁之意，讲究的是为官的德行，要求官员要树立为国民、为众人服务的思想。李光耀认为，"廉是立国之本，清为当政之根"，只有政府官员廉洁公正，人民才会信任政府。如果政府官员营私舞弊、贪污腐败，虽然个人得到了利益，但是受损害的却是政府的形象以及整个国家和社会的利益。

因此，李光耀等人在大力倡导廉政文化的同时，利用严厉的法律，严密的监督以及高效的反贪部门，把人民行动党和政府中的贪污腐化分子清除出去，从而保证了人民行动党以及其执政政府的廉洁公正，这是新加坡人民行动党能够长期执政的一个非常重要的经验。可以这么说，"廉"经过李光耀等人的引申、倡导逐渐成为了新加坡宝贵的政治文化。

"耻"是指人们的羞耻之心。李光耀认为，一个人如果没有羞耻心，那么他就没有道德底线，就容易恣意妄为，对社会和国家造成危害。因此，应该创造一种舆论氛围，让所有人都能够意识到什么是美的、什么是丑的，什么可以去发扬、什么应该受到惩罚。新加坡政府一直在国民中大力提倡"知耻"之心，提高人们的修养和道德水平，逐渐形成了一种以廉洁奉公为荣、以贪污腐败为耻的舆论氛围。1986 年 11 月，原新加坡国家发展部部长郑章远因贪污受贿被贪污调查局调查，在求见李光耀无果后，郑章远选择了自杀，并且在遗书中写道："作为一个东方的正人君子，我认为应该对自己的错误付出最高的惩罚代价，这是合情合理的。"其实，根据新加坡的法律，贪污受贿罪并不会处以鞭刑或极刑，郑章远的贪污行为还罪不致死。在解释郑章远为什么会自杀时，李光耀讲到，华人往往会因为"面子"问题而自杀，郑章远身为内阁成员，绝对明白政府对"清正廉洁"的立场，求见李光耀未果后，郑章远宁可结束生命，也不愿面对耻辱。郑章远的妻子和女儿也因此面临着很大的社会舆论压力，承受着巨大的痛苦，所以他们在郑章远自杀后不久就离开了新加坡，从此再也没有回去。从这件事可以看出，新加坡已经形成了以廉洁奉公为荣，以贪污腐败为耻的舆论氛围。当社会培养出清廉知耻的政治文化，腐败分子就必然沦落到"千夫所指，不病而死"的境地。

新加坡的道德教育并非简单说教。一方面，道德教育从小抓起，注重实践。政府颁布了详细的思想政治教育大纲，从小学到大学，课程循序渐进。不同年级的具体要求各不相同：低年级偏重培养良好的行为习惯，而高年级则注重培养学生的社会责任感。

1982 年 2 月，新加坡前任教育部部长吴庆瑞宣布，为了加强学校道德教育，教育部将在各中学开设一组新的"宗教知识科"，包括儒家伦理、佛教、基督教、回教、兴都教、锡克教和世界宗教等七个科目，作为中学三四年级的必修科目。每周上一节课，学生可以把它选作中四毕业考试的一个科目，每个科目学习两年，也可选作非考试科目。从整体教育制度看，儒家伦理课所占的比重很小，但得到极大的重视。为了设计该课程计划，教育部部长曾亲自率团赴美国，拜见华裔儒家学者，并邀请著名儒家学者到新加坡共同商讨研究"儒家伦理"课程开设的要求和步骤，成立由吴德耀教授领导的新加坡儒家伦理委员会。1983 年 1 月又成立了由刘惠霞主任具体领导的儒家伦理课程编写组，与儒家伦理委员会合作共同拟定课程纲要。1984 年该课程在中学正式开设。根据政府提出的五大价值观，教育部为课程拟定了五大主题：一是个性塑造；二是个人与家庭的联系；三是对学校的归属感；四是作为社会的一分子；五是以国家为荣并忠于国家。这五大主题先从认识个人开始，然后扩展到家庭和学校，最后延伸到社会和国家。在新加坡，大多数学校以英文授课，但是《公民与道德教育课》分别以华语、马来语和泰米尔语三种语言进行教学。政府希望通过各族的母语将亚洲文化和价值观更好地传递给学生。

新加坡的高等学校都普遍开设《儒家伦理》课，用生动的事例和形象的比喻向学生介绍儒家的人生观、苦乐观和价值观，课本借用古代的人物故事来说明现实社会中的问题，将儒家理论与现实生活结合起来，这是新加坡伦理教育的一大特色。如引用岳飞"精忠报国"，说明要"立志向上，发愤图强，服务社会，造福人类，为父母争光"。引用儒家著作中的原文，如"父子有亲，君臣有义，夫妇有别，长幼有序，朋友有信"来说明只有这样才能家庭和谐、社会安宁、人格完美、国家富强。同时新加坡还强调道德教育要与道德实践相结合，组织学生积极参加各种社会实践活动，如"忠诚周""礼貌周""敬老周"等。由于方法得当，新加坡的伦理教育取得很好的效果。通过儒家伦理教育，增强了新加坡公民的道德认知和品性修养，使之更易于认同社会道德规范，有利于提高道德自律能力。新加坡开设儒家伦理这门课程确实是一件创新的、富于挑战性而又有一定难度的工作。

在新加坡，廉政建设面向普通市民大众，融入工作、学习、日常生活中，成为文化生活的一部分。廉政是一种文化，更是一种信仰。新加坡政府深知文化的力量深深熔铸在民族的生命力、创造力和凝聚力之中，是民族生存和发展的根本力量，也是做好反腐倡廉工作的根本力量。只要人人信仰廉政，尊崇廉政，尤其是领导干部以身作则，全社会都以廉为荣，以贪为耻，廉政的问题就可迎刃而解。新加坡全国上下无论是政府官员还是普通民众，都有强烈的廉政欲望，廉政文化已深入人心，并成为社会风尚。新加坡廉政建设充分发挥大宣教格局的作用，采取了多种形式，利用传媒、广告、互联网、通信等现代管理平台，使大众时刻关注贪污问题。反贪机构与民众广泛联系，共同建立良好的反贪氛围，不断增强廉政反贪的社会效果。政府调动社会所有教育资源，多层次、多角度、多渠道、多形式地开展廉政教育，形成合力，通过多种形式的教育使教育对象沐浴在一种清正廉洁的文化氛围中，增强全社会的反腐倡廉意识，使廉政成为一种自觉行动，一种生活习惯，一种社会风尚。李光耀早在1986年就说"最强有力的威慑是公众舆论"。在新加坡，腐败分子最害怕的不是被免职、判刑，而是"贪污贿赂没收法令"和被媒体曝光后身败名裂的耻辱。而新加坡政府正是抓住了人民的这一心理，每个贪污腐败案件办结后都会主动通知媒体进行宣传报道，形成舆论压力，警示那些潜在的腐败分子和可能产生的贪污腐败行为。那些被曝光的腐败分子，有的迫于舆论的压力避走国外，有的甚至自杀。当今的新加坡，人们已把贪污受贿的公职人员视作社会公敌，为反腐倡廉营造了良好的社会舆论和文化氛围。

（二）建立廉洁政府

李光耀认为，如果不能建立一个廉洁的政府，新加坡将不能生存；只有依赖政府的廉洁，才能促使社会稳定，形成良好的投资环境，促进国民经济快速发展。因此，以李光耀为代表的领导人一直强力倡导建设高效的政府和廉洁的公务员队伍，并促进新加坡形成遵纪守法、廉洁奉公的社会文化氛围。

李光耀指出，国家兴旺的关键是要有一个廉洁的政府，政府官员保持廉洁和献身精神，是政府牢固的基础。建立一个廉洁高效的政府，创造良好的投资环境，是国家生存和发展的必备条件，也是执政党——人民行动党重要的治国理念。首先，廉政建设从高层做起，政治领导人树立典范。李光耀指出："除污防疾，必须彻底而有秩序地从高而下。这是一条漫长、艰苦的道路，只有一批强有力并具有勇气和廉正的道德威信的领导人才能办到。"现任总理吴作栋也曾严厉地提出："每个人都应该知道我绝不容忍

李光耀

任何形式的贪污。我希望所有的部长、国会议员及所有公务员都能树立起好典范，让其他人仿效……任何部长或国会议员若被指控通过非法途径或贪污获取财物，贪污调查局将立即进行调查。"这充分表明了政府惩治腐败的决心和信心。新加坡政府通过对公务员进行定期的培训，加强其思想政治教育，树立和培养廉政观念，还专门设立了公务员学院（民事服务学院）和政治研究中心，新招聘的公务员必须首先接受训练，新上任的公务员必须书写本人宣誓书，在职的公务员每年也必须有一两周的轮流进修，学习政治、法律知识和技术，不断提高公务员的综合素质。政府还通过制定并严格地执行法律、加强舆论监督等形式，向公众昭示政府惩治腐败的决心和力度。新加坡政府对贪污（新加坡所称"贪污"类似我国刑法规定的"贿赂"）绝不能容忍，这一点新加坡的公务员和民众都非常明白，在全社会形成了明确的道德准则，使廉洁勤政不仅成为公职人员的自觉行动，也成为民众评价政府及其公务员的基本标准。新加坡人民行动党连续执政数十年，政局稳定，经济持续高速发展，人民安居乐业，其政治根基就是建立在廉洁高效的政府赢得人民群众的信任和支持上的。

新加坡廉洁建设成功的主要原因就在于领袖人物能够以身作则，如李光耀所说"政府最高层领导人必须树立好榜样。没有人可以超越法律，否则人们就会对法律的意义和公正产生怀疑，并加以嘲讽，整个社会也会因此而混乱"，"高层领导人如果能以身作则，树立榜样，贪污之风就可以铲除"。新加坡作为一种典型威权体制的国家，人民行动党长期执政，在公务员队伍选拔中显著体现了精英主义的原则，并且新加坡政府对"精英"的品行优劣十分重视。对政府工作人员，李光耀特别强调要保持廉洁，要"两手干净"。李光耀说："如果我们允许你们把手放进别人放钱的抽屉里，那么在政治上，我们就全完了。"在李光耀强有力的领导下，新加坡政府的形象为世人所称道，被誉为"世界上最廉洁的政府"。因此，有些政治学者戏说："新加坡没有真正的政治，因为新加坡没有持续不断的政治倾轧和权利争夺。"

权力精英的示范作用对国家的发展有很重要的影响。在权力精英群体中，总理的作用表现得十分明显。作为执政党的领导人，李光耀是廉政示范的最重要的推动者。1954年成立的人民行动党在建党初期就提出了"打倒贪腐"口号，其党徽中间白色部分就是表明"廉洁与正直"。反腐败是该党政策的一项内容。在人民行动党上台执政以后，李光耀就明确提出"廉是立国之本，清为当政之根"。李光耀深知贪污腐败的主体主要为当权者，他们掌握着权力，从而具备腐败的条件和可能，所以任何政党、国家机构和政府部门以及个人必须遵守宪法和法律，树立宪法和法律的权威。在这样的基础上，进而来控制每个官员的权力，使其明白自己的行为受到法律的约束和控制，并且自觉地意识到滥用职权以及权力腐败成本太大而不敢冒风险。对于腐败的严重后果，李光耀非常清楚，"人心是有情的水，能载舟也能覆舟，人心是无形的碑，一一记载着为官者的千秋功罪"。在李光耀看来，要真正建立廉洁政府，高级公务员必须发挥典型的示范带头作用，通过高级公务员的带动效应来建立高效廉洁的政府。李光耀曾经说："如果我要贪污，没有人可以阻止我贪污，但是其代价是整个制度的崩溃。"与此同时，对于高级官员的贪污腐败行为，也应该重点进行打击和清除，"使天下知道官难得而容失，必人慎其职，朝无懒官矣"。所以，李光耀十分注意处理和民众的关系，以廉洁的政治来取得民众的信任，这也是人民行动党可以长期执政的一个重要原因。

李光耀对新加坡的廉政监督建设功不可没，在其执政的几十年里做出了表率，为继承者树立了良好的榜样。李光耀不仅从理论上对反腐败进行了总结，实践上也是身体力行。他生活简朴，不求奢华，常常穿一身白色衣服，以示自己对清白人生的崇尚。他不为个人谋求私利，定期向反贪局申报自己及家人的收入情况，并向社会公布，接受人民监督。李光耀的父亲一直做钟表生意，没有担任过一官半职。李光耀至今住着父亲留下的老房子，而政府安排的官邸主要是用来进行外交礼仪活动，办公用的是自己的私家车，并且自己花钱买汽油和维修保养车辆。对于涉及他的一些社会关注的问题，也采取公开透明的方式进行解决。作为"现代新加坡之父"，他在彻底惩治腐败方面有坚强的决心和毅力，其反腐倡廉的胆识、气魄、理论和实践为许多国家树立了楷模，是世界政坛上少有的廉政建设能手。谈到新加坡，人们可能对某些事物不满意，但是很少有人议论其领导人的腐败行为，由于李光耀的率先垂范作用，在新加坡几乎没有人敢逾越法律，人们对廉政监督的意义和公正充满信心。新加坡政府多次被世界各个组织评为"最讲效率""最廉洁政府"，如柏林"透明国际"2014 年世界各国贪污观察指数的调查报告显示，新加坡被德国商人评为世界上最廉洁的政府第七名。另据"透明国际"全球腐败指数显示，新加坡在年全球最廉洁国家和地区排名中名列第五，亚洲排名第一。

（三）推行高薪养廉

所谓"高薪养廉"，即给予公职人员足够的工薪报酬，使之依靠正常收入而不必通过贪污腐败便能维持自己及家人基本或体面的生活，从而达到使人不必贪腐的目的。

李光耀信奉精英主义，坚信人才是新加坡成功的关键，只有不断成长、改革、求变，才能使这个岛国屹立不倒。他认定拙劣的领导人才会拒人才于门外。因此，李光耀的人才管理一方面要吸收精英分子，使其成为政府一员，另一方面对于高层又要严抓贪污腐化。在这种人事管理制度下，新加坡政府的官员都经过种种考察，层层筛选。事实证明，正是这些精英分子舍己为公的无私奉献，使新加坡经济建设取得辉煌成就，同时，也鲜有贪污腐化行为发生。诚如新加坡政府财政部公共服务署副秘书长陈文发所言："新加坡政府是全世界最诚实的政府，新加坡人民也相信，他们有一个最干净的政府。"

新加坡实行的高薪养廉主要体现为两个方面。一方面，坚持让大多数普通公务员的工资保持在社会的中上水平。政府每年都要将公务员的工资同私人企业人员的工资进行比较，如果发现私人企业人员的工资总体上高于公务员的工资，政府即给公务员加薪，以确保公务员的工资水平和私人企业中能力相当的人员的工资水平大体持平。另一方面，对内阁部长等高层公职人员实行"高薪养贤，厚禄养廉"。据《世界联系》调查组 1996 年对世界各国高级公共服务人员年薪的调查显示，新加坡政府首长的年薪为812 858美元，是调查中排名第二的日本政府首长年薪（395 049美元）的2倍有余，是美国政府首长年薪（200 000美元）的4倍有余，是英国政府首长年薪（129 189美元）的6倍有余。新加坡政府首长的年薪比本国制造业雇员的平均年薪高56倍，约为本国企业总裁平均年薪的2倍。

李光耀曾就公职人员的薪金问题有这样的见解：应该根据市场的做法，建立一个诚实、公开、可以辩护及行得通的制度。新加坡公职人员薪金制度的"市场做法"主要体现为根据人才的价值确定薪金。商品交换强调"物有所值"，同样，人才市场也须强调"才有所值"。新加坡第二代领导人吴作栋认为，当人们谈论部长与高级公务员的薪金标准时，首先必须确定他们所要的是什么样的政府及具备什么素质的人才。如果人民所要求的只是一个平庸的政府，并准备接受能力平庸的人为部长或常任秘书，那政府就可以把部长及高级公务员的薪金标准定在一般新加坡人的平均收入水平上，大致每月1 500新元。不过，吴作栋指出，他不能接受这么低价的公职人员受薪标准。因为既然国会选择他为总理，把国家的前途交托给他，他就有义务集合最杰出的人才为国家服务。如果人民希望自己的生活更安全，就必须把治理国家的重任交付给最杰出的人才。这些人都是在持有全国最高收入的几百人之中，每月收入至少4万新元。他说，部长的才能不一，相应地在私人企业界的职员赚钱的能力也不一样。如果担任公职的高级官员选择在私人企业界任职的话，他肯定，他的内阁中会有超过一半的成员将名列全国收入最高的100名受薪人士的名单内。有资格成为部长或高级公务员的人，应该属于那些有能力登上私人企业界顶峰的人。因此，部长和高级公务员的收入，应该与本地私人企业界的顶尖专业人士相比较。

为了实现高薪养廉，新加坡对部长与高级公务员的薪金标准制定了如下"方程式"：①政府根据私人企业中六个专业的收入水平，为部长和高级公务员制定了两个薪金标准。②所选定的六个专业是：银行家、会计师、工程师、律师、本地企业和跨国公司的执行人员。③第一个薪金标准：特级一，是为部长和特级公务员而设。其方程式是从上述六个专业中各选出最高薪的四人，然后以他们的平均主要收入的三分之二作为这一级的薪金标准。④第二个薪金标准："超级G"，是为刚升上超级薪金制的公务员而设。政府从年龄在32岁而又从事上述六个专业的人中，各选出收入排名在第15位者，然后以他们的平均主要收入作为标准。正是通过"以俸养廉"，新加坡政府才能保持高程度的廉洁和高水准的能力。

同时，新加坡在一种精英主义的文化氛围中推行高薪养廉，给予反贪部门以很大的权力，以便对腐败者进行最严厉的制裁，公开提出"贪欲是精英的坟墓"。新加坡政府基于精英主义理念，就可以拥有很大的财政权力对政治进行垄断，就可以超越各种利益集团实行对社会公众比较公平的公共政策，进而实现了国家自主性。这样做的结果就是"强化而不是削弱精英主义，是精英的责任感增强而民众的参与感发展起来，高薪的官员也很难腐化"。自始至终，李光耀都没有让政府雇佣的园丁、厨师和佣人为其个人服务。正是这些精英分子舍己为公的精神，使得新加坡取得了辉煌的成就，成为世界上最廉洁的政府之一。

在新加坡几代领导人"严父"般的督促之下，新加坡公共行政以高效率闻名于世。穿着整齐的海关关员每分钟让一条船过关；外国人去移民局，三个小时就可以办好延长签证；外国人投资，常常当天就能知道是否核准。在美国商业环境风险调查机构发表的"最具有效能的政府"调查报告中，新加坡经常高居榜首。就连美国前财政部长康纳在周游世界各国情况后向尼克松说："新加坡是世界上管理得最好的国家。"新加坡经济被世人称为"东南亚奇迹"，它的经济快速发展离不开政府反贪污腐败的坚决意志。廉洁、高效的政府管理行为，公平竞争和良好的投资环境以及有条不紊的金融市场，保证了新加坡的经济发展。

在新加坡政府的努力下，其金融市场秩序井然，"同世界上其他金融市场相比，新加坡的交易成本相对低廉"，使新加坡成为世界第五大外汇市场。

新加坡有定期的政治竞选，但竞选中却很少涉及金钱政治的问题。正是在以白衣白裤作为党服的人民行动党和国家核心领导层的带动下，公务员把廉洁奉公视为理所当然，公众把担任公职而贪污受贿的人看成社会公敌。曾担任新加坡国家发展部部长的郑章远在贪污案发后选择了自杀，其中一个很重要的原因就是因为他无法忍受来自社会的鄙视和唾弃。在新加坡的政治文化和公务员意识中，不诚实的牟利行为是个人生命中最大的耻辱和最不明智的选择。同样，新加坡商人也很少有行贿送礼的习惯，这使得他们很容易适应西方发达国家的商业环境，同时也吸引了众多的跨国公司前来新加坡设立运营机构。纵观新加坡的廉政建设，正是全民对"廉是立国之本，清为当政之根"形成的社会共识，推动着新加坡逐步成为全世界最廉洁高效的政府，也成就了新加坡的发展奇迹。

（四）注重以法保廉

所谓"以法保廉"，即通过立法严明和执法严厉，使腐败人员受到严厉惩罚，为腐败行为付出巨大代价，从而达到使人不敢贪腐的目的。

立法全、处罚重、执法严是新加坡廉政建设中的又一关键因素，一套系统、完整、严密的法律体系，是新加坡廉政建设的制度保障。李光耀是律师出身，他是法律和秩序的坚定信仰者，认为要想治理好新加坡必须走法治的道路，因此他在新加坡建立了一套世界上最严格的法治制度。

（1）立法严明。新加坡立法很全，首先在新加坡的法律中对行贿受贿罪以及行贿受贿的处罚有很明确的规定。其中根本大法《宪法》第2条第2款规定了总统不得担任任何营利的职位，并不得从事任何商业活动。第91条第5款中规定，一律不得以持有总理、议长、副议长、部长、政务次长、政治秘书或议会议员等职位受领任何报酬或补助（包括退休金或其他类似补助金在内）。另外在《刑法》中，对贿赂犯罪和经济犯罪有明确的规定和定义。《刑法》第161条至165条规定，新加坡的受贿罪有两种情况。一种是以公务人员为主体，公务员为自己或他人收受非法报酬的；另一种是以非国家公务人员为主体的受贿罪，指任何人为自己或他人，从任何人处接受或取得，或同意接受或企图取得报酬，并以此为动因或回报，用不道德或非法手段诱导公务员利用职权为提供报酬的人办事的行为。此外《防止贪污法》对贪污、受贿罪进行了详细的规定。《没收贪污所得利益法》规定了对贪污贿赂所得利益的没收程序。防止人们违法犯罪，在一定程度上也遏制了贪污腐败的发生。一方面，根据新加坡《反贪污法案》，任何人所拥有的财产或其在某财产里占有的利益，如果与该人已知的收入来源不相符合，又不能向法院做出合理的解释时，即被视为贪污所得。另一方面，新加坡《防止贪污法》对于"报酬"（贿金）的含义、范围作了广泛解释，包括：①金钱，或者任何礼品、贷款、费用、酬金、佣金、有价证券、其他财产或者任何形式的财产性利益，不论其是动产或者不动产；②任何职务、就业或者契约；③任何支持、免除清还或者清算任何贷款、责任或者其他负债，不论其是全部或者部分；④任何其他服务、优惠或者任何其他形式的好处，包括提供好处使之免受任何刑罚或者被剥夺资格的处分或者逮捕，使之免受任何纪律或者刑事性质的诉讼或者控告，不论这种诉讼或者控告是否已经进行，还包括执行或者被迫放弃执行任何权利或者任何权力或者职责；⑤任何提供、承担或承诺前四项所说的任何报酬。

（2）执法严厉。新加坡执法很严，李光耀有一句名言："有法律而不严肃，绝不如没有法律。"如果制定的法律可以不执行，那么就失去了法律的威严和本来的意义，这样的法律不如没有。所以新加坡的法律一旦制定了就会严格执行，不许打半点折扣。不管是平民百姓还是达官贵人，不管职位多高、功劳多大，不管是新加坡人还是外国人，在法律面前一律平等，一样对待，不搞特殊，不搞例外。比如，在1995年初，菲律宾女佣弗洛尔因为谋杀罪而判处绞刑。当时西方媒体大做文章，大肆渲染新加坡的法律残酷无情，对新加坡政府施加了很大的压力。但是面对西方媒体的恶毒攻击，新加坡进行了坚决的驳斥。新加坡律政部部长兼外交部部长贾古玛指出："新加坡的法律制度是为保护绝大多数人的基本权利和根本利益而建立的，法律应该确实有震慑犯罪的作用。"

新加坡商业事务局局长格林奈是商业事务局的创立者，一直领导商业事务局与商业犯罪进行斗争，对防止和惩治商业犯罪做出过重要贡献。由于他亲自处理过新加坡七大商业犯罪案，为政府追回了2亿新元的国家资产，政府授予他"杰出公务员"称号，公众称他为"商业犯罪的克星"。但是，1990年他却因两件"说谎罪"而受到法律的惩治。其一，格林奈曾向财政部申请了一笔购买新汽车的贷款，而实际上是用来还一辆旧车的债。尽管他如期还了这笔贷款，但根据政府对公务员的要求，他仍触犯了法律，被判为"用误导性文件诱骗贷款"。其二，他在某印尼商人尚未签约购买新加坡梦幻度假村时，两次对新加坡公共汽车公司谎称该商人已签约购买，劝说公共汽车公司投资300万新元与该外商合作。这两件罪行，在一般人眼中也许只是正常的商业技巧。但根据有关法律，他仍被判坐牢3个月，并被开除公职，永不录用，失去了每月2万新元的职位津贴，同时被取消了50万新元的公积金和30万新元的退休金。

（3）建立严格的公务员选拔、考核以及管理制度。在建立了完善的反腐败制度的同时，新加坡也建立了严格的公务员选拔、考核以及管理制度，为防止公共权力的腐化创造了外部条件。精英人才步入政坛前，人民行动党就严加防范，候选人必须接受道德、品行审查，对不合格者不予录用，以排除潜在的腐败因素，防止公务员队伍被少数人腐蚀。由于公务员是公共权力机关最主要的组成部分，也是最容易出现腐败问题的群体，所以新加坡对于公务员选拔和考核有严格的规定。为了保证选拔公务员的公开、公平，新加坡成立了独立于内阁的公务员委员会，该委员会直属于总统，不受政府各部门的制约和影响，专门负责公务员的录用、任命和奖惩，并对公务员进行严格的道德考核。委员会的委员由学术界、商界、金融界和其他社会知名人士兼任，不得由政界人士出任。同时新加坡制定了完备的法律，主要包括《公务员法》《公务员行为准则》《公务员纪律条例》《没收非法财产条例》《防止贪污法》，构成了一系列完整具体实用的公务员法律体系，为公务员的选拔、考核以及管理提供制度和法律上的保障。

公务员的考核制度中，最有特色的是道德考核制度。考核方法包括两种，一是个人的道德记录。公务员在平时工作中，要在政府统一发放的日记本上将自己的活动随时记下来。在每星期一上午上班时，将其笔记本呈送主管官员检查、签名。主管官员如果发现下属记录的内容有问题，就及时主动地将该项纪录移送反贪污调查局进行审核检查，否则主管官员和下属就要承担连带责任。二是行为跟踪。执行这种职能的主要是反贪污调查局，该局有权力对公务员，尤其是刚进入公务员队伍的人员行为进行跟踪，调查他们的日常生活。主要内容包括公务员的私生活是否正常、有无嫖妓行为、有无出入酒吧行为、有无与非法团体来往的行为等。该局在进行调查时，可以采取秘密拍摄方式收集各种证据。如果发现有公务员违法，便写调查报告提交给被跟踪人员的主管官员，核实当事人日记是否属实，如不属实便给予相应处罚，决不允许变通。一个国家如果司法不独立，就没有宪法和法律的尊严，就难以遏制腐败现象的蔓延，铲除就更加困难。完备的法律和独立的司法使新加坡成为名副其实的法治国家，它不仅以法律治理普通民众，而且以法律治理掌权者，通过有法必依，执法必严，使腐败者受到严惩，使公务员为其腐败行为付出巨大代价，从而达到使人不敢腐败的目的。李光耀在总结新加坡成功的经验时曾经说，新加坡成功的一个重要因素，是新加坡人已经习惯于生活在法治之下。

新加坡在对公务员的日常管理中，严格的财产申报制度也是一项典型的特色。每位公务员在被聘任之前，必须申报个人和配偶的财产情况，包括动产、不动产、贵重首饰、银行存款、股票等内容。申报财产的严格程序为制度的有效执行提供可靠保障。首先，公务员要出示财产清单，到法院设置的公证处接受审查，由指定的宣誓官签名公证处的正式文本，交由工作人员所属部门的人事机关保存，副本保存在法院公证处。此后每年每个公务员必须填写个人财务表格，写明自己的财务状况，各部门要对每份财产申报表进行审核。如果发现有财产来源问题，就立即交送反贪污调查局调查。如果本人对财产的来源没有明确的解释，就被作为其贪污受贿证据。同时，在对公务员的日常管理中，新加坡政府规定公务员不允许接受任何礼品，以及任何可能与公务活动有关的馈赠，不允许公务员向下属借款，向亲友借款也不得超过本人各月工资的总和，以免由于债务太多而产生贪污的想法。

对于公务员的日常管理，新加坡政府一直贯穿着从制度上加大腐败成本的思路，公积金和高工资制度就是最典型的体现。新加坡政府制定了完整的《中央公积金制度》，每个公务员每个月可以获得公积金，工作时间越久，所得到的储蓄就越多。如果公务员在职期间，廉洁守法，没有贪污受贿行为，就可以在退休以后得到全部的公积金。若有贪污受贿等违法行为，就要给予严格的惩罚，包括开除、坐监、全部撤销个人所得公积金。同时，经过公务员队伍连续四次的工资调整，目前新加坡已经成为世界上公务员待遇最高的国家之一。如果公务员发生了腐败行为，就会"冒失去工作和养老金的危险"。此外，政府要求各公务机关内部特别是那些容易产生腐败的部门和工作环节要加强防范，制定严密的监察制度，如对海关工作人员在值班期间的随机核查制度。新加坡采取了司法独立制度，法官一旦被任命，就是终生职务，除非失职，任何人无权将其撤职或调离，法庭神圣不可侵犯，任何人都必须执行法庭的判决。

在李光耀的领导下，新加坡在廉政制度建设和反腐措施制定方面堪称世界的楷模。从建国初的民生凋敝、贪污腐败成风到短短几十年后政府的高度廉洁和经济的腾飞，一整套系统严密的廉政制度为其提供了强大的保障。纵观新加坡的廉政制度体系，在法律方面，不仅在《宪法》和《刑法典》中有廉政建设和反腐败的相关法律，更有《防止贪污法》和《没收贪污所得利益法》这样的专司廉政的法律，形成一套完备严密的廉政法律制度。在廉政机构上，同样有贪污调查局和商务事业局这样专门打击贪污腐败的廉政机构，在机构的设置上独立并权威；对于公务员制度，不仅有系统严格的选拔录用制度、品德考核制度、财产申报制度，还有新加坡独特的高薪养廉制度，为新加坡培育出一支高素质、高道德的公务员队伍；在廉政教育方面，新加坡依然表现突出，能够做到深入广泛的全民性和经常性廉政教育，培养全社会的廉政意识。

三、古大存

古大存（1897—1966），广东省梅州五华县人。早年就读于广东公立法政专门学校，1924 年加入中国共产党，参加第一次、第二次东征。1930年，中国工农红军第十一军成立，古大存任军长兼代政委。抗日战争期间被任命为广东省委常委、统战部部长，后入中央党校一部学习。1945 年，他出席了中共七大，当选为候补中央委员。抗战胜利后，他先后担任西满分局秘书长、东北局委员、组织部副部长等职务。中华人民共和国成立后，担任广东省人民政府副主席、中共中央华南分局副书记。1957 年后，古大存被当作"地方主义反党集团头子"，身心健康备受摧残，于 1966 年病逝。1983 年平反昭雪。

研究古大存的廉洁作风，我们先从"廉洁"二字谈起。廉洁，最早出现在战国时期伟大的诗人屈原的《楚辞·招魂》中："朕幼清以廉洁兮，身服义尔未昧。"东汉著名学者王逸在《楚辞·章句》中注释说："不受曰廉，不污曰洁。"也就是说，不接受他人馈赠的钱财礼物，不让自己清白的人品受到玷污，就是廉洁。廉是清廉，就是不贪取不应得的钱财；洁是洁白，就是指人生光明磊落的态度。廉洁是做人成事的道德品质和价值准则，是个人矢志不渝的自我追求。笔者对古大存的革命和建设历程进行调查走访，并查阅大量相关资料，发现目前对古大存的研究绝大部分局限于对其经历的叙述，很少涉及其思想的研究，更谈不上对其廉洁作风的提炼。古大存的廉洁作风是在其革命和建设的实践中逐步形成的。我们尝试从理论渊源、主要体现、特点、当代启示这几个视角探讨古大存廉洁作风。

（一）古大存廉洁作风的形成

归纳提炼古大存的廉洁作风，可从分析其形成入手，尝试分析其形成的理论渊源。古大存廉洁作风的形成主要受客家廉洁文化、马克思主义廉洁思想、孙中山三民主义中的廉洁思想的影响。

1. 客家廉洁文化

客家廉洁文化作为客家优秀传统文化的重要组成部分，是由客家观念、制度和客家人的行为方式等内容构成的，受客家人文环境、社会环境、客家的文化传统和客家风俗习惯等影响而形成的关于廉洁的思想理论和行为方式及其相互关系的文化总和。它主要通过族谱、家规、诗词、戏曲、儿歌、典故等形式，从一些典型的格言、俗语和杰出人物的言行上表现出来。内涵深远的客家廉洁文化又具体表现为：勤俭质朴，崇简恶侈；乐于吃苦，善于成功；廉洁自励，务实进取；顽强拼搏，革命向善；责任鲜明，创新领先。《古大存自传》中写道：

> 我是广东省五华县梅林约（前清时建制）梅林乡人，生于 1896 年（注：1941 年古大存同志亲笔撰写的自传中说他"生于 1897 年"），家庭是地主，父名古化，全家 30 余口人，年收 300 多担租谷，还开有一间杂货店。我出生时，前母所生的三个哥哥，都已儿媳满堂。我的生母常受哥嫂欺凌。11 岁，父亲去世，兄嫂们随即将我和我的生母分了出去（注：1941 年《古大存自传》说："我 7 岁时父亲就亡故了，""我 15 岁那一年，兄弟就分了家"），给我们三斗种子，几块坝地，二个房间，要我们自行过活。母亲是勤劳能干的人，能下田驶牛耕种，抚养我长大。从此，我便由地主家庭的成员变为中贫农家庭的儿子。①

关于在中学读书，古大存写道：

---

① 中共广东省委党史研究室、中共广东省五华县委员会编：《红旗不倒：纪念古大存诞辰110 周年暨红十一军创建 77 周年》，广东人民出版社 2007 年版，第 237 页。

49

校内学生在生活上有两派，一为城派，尚浮华，轻视劳动；一为乡派，生活朴素，爱劳动。①

从古大存的自传中可看出，他出生于客家地区的一个地主家庭，11 岁时因家庭变故成为中贫农家庭。与其他普通客家人一样，他有一位勤劳能干的母亲。母亲勤劳、善良、坚强、积极、俭朴。古大存在传统客家女性的手中被抚养长大，客家文化中勤劳俭朴的文化自然刻在了他的心中。

古大存跟别人谈起叶剑英和他的家乡时，总喜欢讲兴宁、梅县、五华的不同之处。他说这三个县相邻，县城之间也仅相隔几十里。五华是个穷山区，石匠多，性格强硬。梅县是个教育发达的侨乡，历来出秀才、学者，是古之嘉应州。兴宁则商业发达。三县相邻，人的性格迥异。历来人们都说"没有梅县人写不赢，没有兴宁人讲不赢，没有五华人打不赢"。他说梅县文人多，以嘉应才子著称，善诉讼，能写状纸，辩论起来头头是道。而兴宁人则善经商，有"无兴不成市"之称。古大存说，幼时读书，要自己带柴米到学堂起伙。五华人挑个担，一头放柴，一头放米。梅县人很斯文，一手提米，夹着几块柴，还要用报纸包起来。五华学生遇到，一定要用手指戳破梅县学生裹着柴的报纸，让大家看个明白。

古大存的家乡五华地处山区，交通闭塞，为适应环境，求得生存和发展，只得在穷山僻壤披荆斩棘，向山开发向水谋生，从事开山打石、打铁、撑船等艰苦劳动。五华石业历史悠久，从业人员众多，足迹遍及广州、北京、香港、印度尼西亚、菲律宾、新加坡一带，名师巧匠辈出，工艺精湛，著称于世。五华铁业，源远久长，代代相传，清代为嘉应五属之首，从业人员甚众。1949 年前，五华"圩圩都有铁业店，处处可闻打铁声"。为了找寻活计，更多的铁匠常以三人一伙、五人一帮，走广西、穿福建、穿州府，肩挑铁锤、铁钳、风箱、锉刀等工具，走乡窜村，巡回经营。因此，五华铁匠分布甚广，粤东、惠阳、江西、福建、湖南等地都有

---

① 中共广东省委党史研究室、中共广东省五华县委员会编：《红旗不倒：纪念古大存诞辰110 周年暨红十一军创建 77 周年》，广东人民出版社 2007 年版，第 238 页。

五华铁匠的足迹,在圩镇开设的铁铺店,多有五华铁匠,故五华素有"石匠之乡""铁匠之乡"称誉。同时,当年来往韩江的船舶,大都是以五华人为船工,故流传"韩江船上谁为首,五华船工为领先"的民歌。到 20 世纪 40 年代,五华有 342 条民船,载货量达 3 532 吨,船工有 1 200 多人。船工来自琴江、五华两岸的乡村,有的乡村成为家家有船工、户户有船篙的"船工之乡"。五华旧志有"经商少,惟工匠多"的记述,打石、打铁、撑船、挑担为五华客家先民传统的谋生工种,而这些工种,项项都得出大力流大汗,需实打实的功夫。一提到五华,人们就会想到"五华阿哥硬打硬"的精神。"五华阿哥硬打硬"中的"硬打硬"的内涵主要包括强硬、真诚、实在。强硬的表现为不畏强暴,敢打;有本事,敢冲敢闯;有胆识,敢开拓,意志坚强。真诚的表现是说话不掺假,做事板上钉钉,人前人后如一,不做"两头蛇"。实在的表现是民风节俭朴素,不事虚浮。五华俗语:"食就酿豆腐,着就家机布"(酿豆腐好吃廉价;家机布结实耐穿),这是五华的口头语,也是五华人在生活上讲求务实的表现。1961 年 10 月,古大存第三次回五华,受邀在中共五华县第二次代表大会上讲话。他要求全体代表发扬五华人"硬打硬"的精神,自力更生,克服困难。古大存是"五华阿哥硬打硬"精神的典型代表之一,被毛泽东誉称为"带刺的玫瑰花"。

2. 马克思主义廉洁思想

虽然马克思、恩格斯没有对廉政思想进行过系统的阐释,但是其廉政思想主要体现在国家、社会以及政党建设等诸多问题论述中。古大存于 1921 年进入了法政学校,这所设在广州的法政学校是公立的。他选的是法律科,学些民法、刑法、商法等。从法律条文上往往可以联系到社会生活中各种各样的现象,这使古大存逐渐感到社会制度的不合理,认为这种不合理的社会制度即使能靠繁琐细致的法律条文来限制和维持,社会也永远摆脱不了黑暗,这个社会必须要有一个根本性的改变。但古大存对于如何能够废除这种不合理的社会制度,这个社会应该走什么道路,其思想上还没有一个明确的方向,他只是认识到这个社会需要改革,而不知如何改革。这个疑惑使他对于学校教员陈公博（中共党员）在讲政治经济学时所提到的一些问题很有兴趣。这时，陈独秀到了广东，在法政学校内作了三次演讲，听了陈独秀的演讲之后，古大存产生了对社会主义的憧憬。

学校每星期举办虚拟法庭，在虚拟法庭上，学生们根据法律和自己的观点来进行审判与辩护，学生的思想往往从这里显现出来，因而虚拟法庭实际上帮助了同学们在思想上的相互了解。古大存在一次虚拟法庭中结识了同学沈培厚（又名沈春雨）。沈培厚常和古大存谈马克思主义学说，介绍古大存看《马克思主义浅说》和《共产主义ABC》等书。由于沈培厚的关系，古大存的两个同乡黄国梁（工业专门学校学生）和宋青（同学）于1924年介绍古大存参加了中国共产党。当时古大存和宋青、黄国梁、魏公杰等在广州的五华籍青年学生群体中和五华同乡会的会员中活动，组织了一个五华青年同志会，并通过五华青年同志会和五华同乡会的关系，一方面向五华的中学伸展活动，一方面联系在广州的五华打石工人，又通过打石工人的关系，和五华的农民取得一些联系，宣传农民运动。在这个时期，古大存曾入党校接受了约一个月的短期培训。马克思主义主张全人类大解放，主张勤政为民、廉洁奉公。以马克思主义为指导的中国共产党全心全意为人民服务，坚定不移反对腐败，建设廉洁政治，是党一贯坚持的鲜明政治立场。古大存从接触马克思主义到加入中国共产党，无形中接受了廉洁思想的教育。从而，马克思主义廉洁思想成为其廉洁思想的主要来源之一。

3. 孙中山三民主义中的廉洁思想

孙中山是中国民主革命实践的先行者，也是中国民主革命理论的开创者，尤其是他在民主革命实践过程中形成的廉政思想体系，有许多有价值、有见解的思想。

古大存加入中国共产党后不久，根据周恩来（时任东征军总政治部主任）的安排，受党的派遣参加国民党东征军战地政治宣传队的工作并担任队长。林务农在《关于古大存同志的片段回忆》中写道：

我认识古大存同志是在 1925 年第一次东征的行军途中，当时他率领国民党中央宣传部的政治宣传队，跟东征主力张民达部随军工作。当部队攻入淡水，敌人尚在四周集结残余力量，妄图反扑时，淡水镇仍在炮声隆隆、硝烟弥漫中，古大存同志就随部队进入该地，开展政治宣传工作，举行军民联欢大会，大力宣传革命军不筹饷，不拉夫，不住民房，交易公平等等的优良风纪，并召集各界于淡水中学礼堂演讲三民主义和革命军三大政策，组织商民协会，号召商民开市，发动农民为革命军带路、运输、担架等等，做了大量工作。国民党第二次东征到五华时，古大存又被派往东征军开展工作。①

1926 年，古大存协助国民党五华党部的改组工作，并任该党部的组织委员。从以上分析可看出，古大存廉洁思想是受到孙中山三民主义中的廉洁思想影响的，这成为其理论的又一来源。

（二）古大存廉洁作风的体现

纵观古大存的一生，在革命战争年代，面对与敌人的残酷斗争，其生活是艰苦的。进入和平建设时期，他保持了艰苦朴素的生活作风。古大存廉洁思想的内容非常丰富，主要体现在以下几个方面。

1. 廉洁自律

古大存坚持清白做人，干净做事。严格要求，始终保持廉洁自律。杨立在《东江山青水更清——怀念古大存同志》中回忆道：

当组织上调我到古大存那里去工作的时候，就有同志对我说，古老为人刚直，在延安时期就是个有名的"包青天"。我想，这位转战南北，久经沙场的老同志，可能是一个脾气急躁的人吧？但是，在我跟古老接触一段时间以后，我的印象完全改变了。他和蔼可亲，平易近人，非常关心同

---

① 中共广东省委党史研究室、中共梅州市委党史研究室、中共五华县委党史研究室合编：《古大存纪念文集》，广东人民出版社 1997 年版，第 41 页。

志，特别是经常同他在一起工作的同志。他很好客，十分健谈，全然没有什么官架子，反倒有着一种浓厚的淳朴善良的农民气息。

古老的这种纯厚朴实的品德，作为一个出身于大学生的干部，是很难得的，也可以说是艰难玉成吧！他生活和战斗在极端困难的环境里，经受了长期的磨炼，他是我们党的知识分子同工农相结合的一个优秀代表。①

古大存对贫苦农民的疾苦非常关心。1926年4月饥荒，他亲自领导禁粮出口的斗争，把截获的粮食平分给农民度荒。有时开了反动地主的粮仓，就发给贫农百姓，将缴获反动派的财物统统归公，统一分配使用。

1930年，古大存担任东江红十一军军长。陈维廉在《回忆红十一军军长古大存》中写道：

游击区生活艰苦，部队经常转移，古军长操心多而休息少，常运筹于寒风残月之夜，出没于枪林弹雨之中，但生活上，却与战士同甘苦。记得那一年多的时光，仅发过两次"饷钱"（生活费），每人是小洋毫银四角，战士同军长皆同等待遇。大存同志绝无例外津贴。特别是这年每人发给一套新衣服，许多同志都欢欢喜喜地穿起来，唯独古军长仍穿补丁衫裤。据说，他把新军装先给身边的战士穿，等到新衣褪色变旧了，他才取回来替换，一时全军传为佳话。他生病时也很少到医院诊病取药。照他的话说是因为军中伤病员多，医务人员已忙不过来，药物又极其缺乏，如果个人用土方法找草药自医自疗，就可大大减轻医院的负担，可节约一点药物留作救护伤病员之需，医务人员就可多一分精力为伤病员服务，作为全军的"家长"应该这样打算。②

① 中共广东省委党史研究室、中共梅州市委党史研究室、中共五华县委党史研究室合编：《古大存纪念文集》，广东人民出版社1997年版，第27—28页。
② 中共广东省委党史研究室编：《军旗为什么这样红：红十一军成立80周年纪念文集》，广东人民出版社2010年版，第71页。

李亚非、马龙海在《我们的好领导好老师》中回忆道：

约在 1946 年的 6 月中旬，中央电示晋察冀中央局，决定我们赴东北第三大队继续进军东北。我们于 7 月中旬到达齐齐哈尔，稍事休息，转道哈尔滨。在途经原热河多伦、围场一带时，地瘠民贫，群众衣不蔽体，没米下锅。有见及此，古老和大家商量，动员大家向贫苦群众捐献衣服，群众非常感激。途经内蒙林西一带时，除零零落落的几处喇嘛庙外，一片荒凉。古老向全体同志讲解当地民情和宗教习俗，要求尊重这里习俗风尚，不准侵犯这些少数民族和宗教利益。有一天，在荒草甸子上野营露宿，古老和大家同甘共苦。[1]

古大存在东北工作期间，环境很艰苦。李治文在《回忆古大存同志二三事》中写道：

古大存同志那时是中央候补委员，年纪又是 50 多岁，大家都很关心他的身体健康及安全，但他没有丝毫特殊要求。冬天气候严寒到了零下三四十度，但当时调给我们的火车是货车大平板，连棚子都没有的，一节车中一头装马匹，一头就坐人。我实在心疼古老年纪大，又是广东人，受不了。大家动手用马草在车厢里搭小窝棚，让他老人家避风休息。但他不肯去，情愿让别的同志进去坐。虽然是小事，这说明古老是一切想着群众，毫不计较自己个人得失的好领导。[2]

古大存对自己要求严格，生活朴素，从不占公家便宜。他当西满分局秘书长、东北局组织部副部长的时候，从不动用分文公家财物。

---

[1] 中共广东省委党史研究室编：《军旗为什么这样红：红十一军成立 80 周年纪念文集》，广东人民出版社 2010 年版，第 124 页。
[2] 中共广东省委党史研究室编：《军旗为什么这样红：红十一军成立 80 周年纪念文集》，广东人民出版社 2010 年版，第 121 页。

从 1947 年秋季开始到 1953 年秋季，祁宝良担任古大存的警卫员、管理员。他回忆道：

古老对自己的要求是很严的，他是执行"三大纪律、八项注意"的模范。有这样的两件事给我留下了深刻的印象，1949 年 10 月，古老即将带领我们"南下"的时刻，父亲前来沈阳看望我，临来时，母亲给古老及古老的几个孩子做了几双布鞋捎来。这点微薄的东西本不成敬意，然而在父亲回去的时候，古老却一再坚持让父亲多带上一点钱。他对我父亲说："这点钱就算我给你拿的路费吧。"这件事给我、给我的父亲、母亲都留下了终生难忘的印象。另一件事发生在南下途中，当我们途经江西时，有一位古老过去的好友，亲自送来一套十分精美的瓷器。古老当时便婉言谢绝了。事后，古老对我们说："我们是共产党人，共产党人是不能搞国民党那一套的。"①

古大存品德高尚的一个突出表现，是时刻关心群众，永远保持艰苦朴素的作风。他牢记自己是一个人民勤务兵，从不搞特殊化。平时，他和大家一起办公，晚上经常在办公室工作到深夜。不论是党内还是党外，不论是领导干部还是一般干部，对古大存都有一个明显的感觉：平易近人，与人为善。有一位民主人士这样说，和古大存接触，如沐春风。当时省直属机关的许多干部，古大存都认识，还了解他们的家庭情况。他和省政府的一般干部、司机、警卫员等都相处得很好。

1951 年，古大存回五华。郭明在《古老三返故乡》中如此描绘古大存返乡的情景：

古老登上主席台，高兴地和全体代表见面，挥手致意。当大家看到他穿着朴素的灰色布衣，一顶半新不旧的竹笠挂在肩上，活像个久经风霜的

---

① 中共广东省委党史研究室、中共梅州市委党史研究室、中共五华县委党史研究室合编：《古大存纪念文集》，广东人民出版社 1997 年版，第 117 页。

五华老农民模样时，感动地说："古老当上了省府副主席，还保持艰苦朴素的革命本色！"[1]

2. 反对特权

古大存具有平民主义情怀，始终为大众谋福利，造福祉。他对于与民众相对立的特权思想及行为相当反感且提出了强烈批评。他经常交代身边的工作人员："你们要注意，有人来找我，一定不能拦阻。群众见不到我，就会说我当了官忘记了群众。"

1930年5月，古大存被任命为红十一军军长。他身为军长，从不搞特殊，关心战士胜过关心自己。他吃的穿的和战士们无二样，并常常让战士们先吃好穿好。他平时就是一套农民装束，不认识他的人，根本看不出他是红军的"大官"。他经常拿着好吃的东西到医院去看望伤病员，安慰伤病员好好养伤，伤好后再杀敌人。他交代搞采购的马运同志，宰猪牛时就要先取好的肉送到医院去。

1939年11月，古大存率南方代表团奔赴延安参加中国共产党第七次全国代表大会。途中，粮食供应很紧张，条件很艰苦，古大存就和同志们一起吃高粱、豆饼、野菜等。

1945年11月，古大存奉党中央之命，率领由中央党校学员、干部为主组成的赴东北工作的第三大队，从延安出发，于12月中旬到达张家口。大队部设在距离张家口市区20多华里的小车站孔家庄。行军途中，晋西北一带多是偏僻的崎岖山路，人背行李，马驴驮老小，冒着风寒，兼程前进。古老配有马匹，但他总是让给妇孺病号骑，坚持和大家一起步行爬山。天气凉了，古老披着旧的灰棉布大衣，头戴棉帽，脚穿棉鞋，酷似朴实的老农和可亲的长者，丝毫看不出是党的高级干部。行进之间，古老和干部边走边谈，问寒问暖，关怀备至。每天宿营后，古老总是仔细了解队伍行进情况，发现问题，及时妥善解决。在晋西北高原，当地群众生活比

---

① 中共广东省委党史研究室、中共梅州市委党史研究室、中共五华县委党史研究室合编：《古大存纪念文集》，广东人民出版社1997年版，第140页。

较苦，缺吃少穿。部队伙食跟不上，只能吃到一些粗粮，缺菜少油。古大存和大家一样过着艰苦的行军生活，这对大家是很大的鼓舞。

1946 年 6 月，古大存奉中央电令率领由中央党校学员、干部为主组成的赴东北工作的第三大队继续进军东北。途中，过了林西以后到了沙漠地带，车轱辘硬是陷在厚厚的沙层里不能前进。当时已是黄昏，古大存下令就地夜营。大家找水的找水，拾柴的拾柴，做起饭来。饭后，古大存又下命令：凡是带孩子的母亲和有病的队员都睡在车上，余下的都打地铺睡。古大存自己也在沙地上打地铺睡。

古大存常向人讲，要平等待人，把群众当自己人。杨立在《东江山青水更清——怀念古大存同志》中回忆道：

1949 年后，古老回到八乡山、大南山、大北山等山区老革命根据地。当地群众听说他来了，有些从百里外赶来看他。即使偏僻的山村，也有人认出他来。有些老赤卫队员，见了就亲热地包围着他。警卫员同志看到来的人太多，就出来阻挡。古老马上说：你们不要把我和群众隔离开，过去在残酷的白色恐怖中能够生存下来，靠的是群众。今天我们有了自己的政权，哪还有怕群众的道理呢？古老还说，到农民家里，要像回自己家一样，倒茶就喝，有凳就坐，不要怕脏。有的人喝茶先洗碗，坐凳子先打尘土，无形中便同群众有了距离。古老说，只有把自己当作群众中的一分子，才有可能同群众打成一片。古老又说，现在做干部的，更要警惕脱离群众。他说，干部要在群众中有威信，不要有威风。威信是群众给的，威风是自己摆的，一有了威风，就把群众赶跑了。古老爱护下级和密切联系群众的作风，我想这是他长期从事群众运动形成的。

3. 生活简朴

古大存作风朴实，平易近人，始终保持同人民群众的血肉联系，全心全意为人民谋利益。共产党员的时代使命，就是在坚持真理的背景下全心全意为人民服务。古大存是爱民为民、无私奉献的典范。他始终认为，人民群众是社会的主体，是历史的真正英雄。只有获得人民群众的支持和拥护，革命和建设才能成功。因此，他虽然身为党的高级干部，但从不摆架子，从不搞以权谋私。在古大存革命生涯中，他始终是坚持廉洁奉公和无私奉献的，充分表现了一个彻底的唯物主义者的大无畏精神。其实，把党和人民事业放在高于一切的位置，这也是党的性质和宗旨决定的。中国共产党是工人阶级的先锋队。党的宗旨就是全心全意为人民服务。从这一意义上说，始终坚持爱民为民、无私奉献，必须成为每个共产党人时刻牢记的使命。这既是共产党永葆先进性的必然要求，也是共产党对人民群众高度负责的集中体现。

在革命年代，古大存生活朴素、个性乐观。有一次，他看部队给养困难，没米下锅，只吃甘薯，大家照例剥了薯皮才吃。古大存同志却对大家说：“现在是困难时期，吃番薯不要剥皮了呀！”并随口念了一首歌谣：“吃条番薯矛柬该，寻到地方锄转来，挑灰担粪种下去，还爱淋肥援苗培大来！”说得大家惭愧地笑了起来。他吃的穿的都同战士们一样，从不闹特殊摆官架子，所以大家都非常钦佩他。

1935 年 3 月，古大存率领 17 个红军战士杀出重围，转移到大埔县山区隐蔽坚持斗争。为了解决活动经费，部分人上山烧炭，部分人到碗厂做工。他们有时甚至要钻木取火，挖野菜，过穴居风餐的野人生活。

在白色恐怖时期，古大存与上级党组织失去了联系。敌人 3 次烧毁古大存的房屋，杀害了古家 12 人，既悬赏捉拿古大存，又写诗“劝降”。面对敌人残酷的镇压，古大存毫不屈服，他以革命乐观主义的态度写诗“奉答”：“幼习兵戎未习诗，诸君何必强留题？江南美味你先吃，塞北寒风我自知。解带结缨牵战马，扯袍割袖补红旗。雄师百万临城下，且看先生拱手时。”这充分表现了古大存不怕任何艰难困苦，誓与敌人决战到底的决心和气概。古大存红旗不倒的故事在东江被广泛传颂。

黄舜兴在《古大存上延安》中写道：“从新四军江北指挥部出发时，领导上给古大存配备了马匹。可是他很少骑马，只在脚痛时骑过一二次。他总是把马匹让给生病的或体弱的同志骑，自己跟代表们一起走路，有说有笑,轻松愉快。"尽管环境恶劣艰险,但在古大存的带动下,大家依然意气风发,斗志昂扬,向延安前进。1940年12月16日,经过许多艰难困苦,躲避过多次敌人的袭击,历时一年,历经九省,古大存率领南方各地44名"七大"代表,全部安全到达革命圣地延安。

1945年11月,古大存率领赴东北工作的第三大队,从延安出发,于12月中旬到达张家口。因前进道路受阻,中央电令命该大队在张家口留下待命。古大存在晋察冀中央局委托下创办晋察冀中央局党校。古大存亲自去张罗办校的工作,为了迅速办校,他因陋就简,借用宣化龙烟铁矿公司职工宿舍做校舍,很快就把党校办起来了,有时还亲自授课。草明在《怀念古大存同志》一文中写道:我那时担任了晋察冀日报的特派记者,进驻龙烟铁矿公司的工会工作。这里离党校很近。我有时去看古老,他的生活还是那么简朴,工作还是那么忙,使人感到老一辈革命者的品德是多么可贵。

中华人民共和国成立后,环境变了,古大存成了党的高级干部,但他的无产阶级战士的本色不变,仍然保持着战争年代那种深入实际、密切联系群众的优良作风。他回到八乡山、大南山、大北山等老革命根据地,坚决反对不深入群众、不解决具体问题的官僚主义作风。1953年他到粤西,召开各县县长座谈会,收集问题和意见,狠抓各级干部作风的整顿,密切党和人民群众的联系。

4. 严格家教

古大存对自己为官的品德操守要求很高,不仅严于律己,还十分重视家庭教育,对家庭成员要求严格。古大存的夫人曾史文回忆道:"大存同志无论对自己还是对自己的家属都严格要求,经常教育我们千万不要忘记过去的流血牺牲,要始终保持革命的本色,不准搞特殊化。"

古大存之子古延贤回忆道:"父母把'永远坚信共产党、永远坚信共产主义'的信念,把'脚踏实地工作、清清白白做人、兄妹互助、家庭和谐'的嘱托留给了我们,这是留给我们兄妹以及后代的无价财富!"古延贤告诉我们(指记者):"父母一直教育子女要简朴,他一辈子都这样,我们也都记住了。以前小时候父亲就教育我们要合群，衣着要朴素，吃东西不能挑三拣四，不要觉得自己是干部子女而搞特殊，我们都是穿哥哥留下的旧衣服。"古延贤谈起自己父亲时更多的还是念及他的朴实和严格。他说："我们兄弟姐妹上学时，父亲要求非常严格，从来不让我们坐他的专车。他常常用这样的话教育我们：生活不要跟别人比，学习、工作要多跟别人比。"

古大存的女儿古穗贤回忆：

记得（20世纪）60年代初，经济困难时期，我们家院子里可利用的地方都种满了地瓜、南瓜和菜，爸爸经常带我们和身边的工作人员一起到菜地拔草、浇水。爸爸教育我们要热爱人民、热爱劳动，说劳动可以锻炼人，还可以获得劳动成果。那时，我们家的早餐，基本上是吃地瓜、芋头和白粥，当我们产生不想老吃地瓜的想法时，爸爸对我们说："红军长征时，吃的是野菜、树根，还要行军、打仗。目前国家处于暂时的经济困难时期，现在还有很多人连地瓜都吃不到，我们有地瓜吃，这已经很不错了。"爸爸总是带头吃地瓜等粗粮，我们作为子女，就再也不敢不吃了。

我们兄弟姐妹几个小学六年都在八一中学附属第二小学上的。当时那里的学生绝大部分是部队干部子弟，只有小部分是省委、省政府干部子弟。由于爸爸的严格要求，我们从来不和同学比谁的爸爸"官大"、比阔气、比特殊、比衣着，在众多的干部子弟之中，我们兄弟姐妹的衣着是比较朴素的。不管刮风下雨，我们每天上学、放学来回要走4次，每次要走20多分钟的路程，从来不坐爸爸的专车去上学。后来，我们也是通过自己的努力学习考上各自理想的中学。这是因为爸爸常常这样教育我们："生活上不要跟别人比，要比，现在还有很多人比不上我们。学习工作上要多跟别人比，要比，自己会有很多比不上别人。"爸爸的谆谆教导及简朴的生活习惯，潜移默化地感染了我，使我慢慢养成了比学习、比工作，不比生活的好习惯。

（三）古大存廉洁作风的特点

古大存丰富的廉洁作风，有以下三个显著的特点贯穿其中。这些特点是当代共产党人学习、继承和借鉴的一笔宝贵的精神财富。

1. 贯彻群众路线

群众路线是党的根本工作路线，以毛泽东为代表的中国共产党在长期斗争中形成了一切为了群众、一切依靠群众和从群众中来、到群众中去的群众路线。毛泽东思想的活的灵魂，贯穿于毛泽东思想各个组成部分的立场、观点和方法，包括三个基本方面：实事求是，群众路线，独立自主。群众路线是毛泽东思想三个活的灵魂之一，是党的根本工作路线。坚持党的群众路线，是党在长期革命和建设中制胜的法宝。古大存十分重视走群众路线，作风朴实，平易近人。在第二次国内革命战争时期，他在东江地区领导人民开展武装斗争时，紧密联系群众，依靠群众。敌人对他又怕又恨，悬赏两万白银捉拿他。由于古大存与根据地的人民打成一片，战斗在一起，生活在一起，在人民的掩护下，他巧妙地闯过了一个又一个险关。根据地的群众都亲切地称呼古大存为"炳哥""炳叔""炳伯"（他当时化名为张炳）。

平时，不管是干部还是群众找他，他都热情接待，耐心听取意见，从不摆架子。他每到一处，总要到群众家里嘘寒问暖。他说："要发动群众，必先了解群众生活、思想情况以及他们的迫切要求。这样，我们提出的口号才能为群众所接受。"为了接待来访群众，他常常中午不休息。他下乡了解情况，并不是在机关听汇报，而是深入到农民家中坐谈，倾听群众的意见。

2. 知行合一，身体力行

知行合一，是指客体顺应主体，知是指良知，行是指实践，知与行的合一，既不是以知来吞并行，认为知便是行，也不是以行来吞并知，认为行便是知。身体力行，身指亲身，体指体验，意思是亲自去做，努力实行。无论是在革命战争年代，还是在和平建设时期，古大存都以身作则，廉洁奉公，率先垂范。1930年，古大存担任东江红十一军军长。他平易近人，待人真诚，常常访问群众，与农民兄弟席地就餐，共桌进膳，深受广大农民群众的爱戴。他每到营、连，都告诫指战员要关心乡亲的生活问题，要多听群众意见。对乡亲代买或借来的门板、草席等卧具，必须在离开前归还原主或放回原位，临时住地必须打扫干净才撤走。特别是红军被围困或转移到深山幽谷的短暂时日，所借粮菜均令登记清楚。一旦打土豪弄来了粮食、食盐等物资，或者向"白区"购运菜粮副食品回来，都如数先还给群众。

中华人民共和国成立后，古大存回到广州，任华南分局副书记、省人民政府副主席兼民政厅厅长。他兼民政厅厅长时，不做"挂名"厅长，工作虽忙，但经常深入到民政厅各部门，向干部了解工作情况，还经常到民政厅的厨房了解伙食情况。由于他的重视，当时民政厅的后勤工作一直是比较好的，直属党委曾在该厅召开现场会，介绍办好食堂的先进经验。古大存的这种作风，可以说是继承了延安的老传统。在延安党校的时候，逢节假日他经常和邓发、彭真等同志下厨房帮厨，让炊事员休息。他经常下乡调查研究，多次深入到革命老根据地，慰问老区群众。粤东的大南山、八乡山、凤凰山，海南的母瑞山，都留下了他的足迹。群众说他"没有当官的'架子'，不挂大学生的'牌子'，倒像农民'大老粗'"，他与群众的关系，好比鱼水情深。

1957年纪念海陆丰苏维埃政权成立30周年，古大存代表省委、省人委参加庆祝大会。从汕头、惠阳、梅县等地区来的老区代表，一见到他就似见到久别的亲人，紧紧地拉着他的手，许多人都激动得流下热泪，完全可以想象到当年古大存和群众的鱼水之情。那时，前去海丰参加庆祝活动的有马师曾、红线女的粤剧团，也有正字戏、白字戏等地方剧种。古大存虽然看不懂地方戏，但他却兴致勃勃地前去观看，并和广大群众一起席地而坐，与民同乐。

3. 耐心细致的思想教育

在中国工农红军第一次全国政治工作会议上，周恩来等明确提出了

"政治工作是红军的生命线"的科学论断。周恩来在《抗战军队的政治工作》中指出："革命的政治工作是民族革命的生命线"。在毛泽东、周恩来主持和指导下，由谭政具体组织撰写的《关于军队政治工作问题的报告》中明确指出："政治工作是我们军队的生命线，无此则不是真正的革命军队。"古大存十分重视思想政治工作，利用各种场合加强廉洁思想教育。1930年，东江成立红十一军，古大存任军长。他治军严格，在军队中坚决执行"三大纪律八项注意"。每次休整，他都抓紧时间对部队进行整训，提高战士的思想觉悟及作战能力。每到一地，都认真检查部队的群众纪律，使部队纪律严、作风好。所以，他所带的队伍是很有纪律很有战斗力的。他一有空，就和战士们谈心，讲政治，讲革命故事，或者唱革命歌曲。他经常教导战士们说，为了穷人翻身解放，大家走到一起来了，要像兄弟姐妹一样和睦团结，要把自己锻炼成钢。干革命难免碰到艰难险阻，但不要害怕，最终会苦尽甘来。他的话句句贴心，战士们深受教益。

林克泽回忆道：

抗日战争胜利后，为了建立和巩固东北根据地，党中央抽调了大批干部到东北。古大存同志也被调到东北，先在中央西满分局工作，不久调任东北局组织部副部长。这时我也调到东北，在他直接领导下工作。在工作中，他那种对同志满腔热情、循循善诱的精神，给我留下了深刻的印象。有这样一件事情：当时，从各个根据地来到东北的同志，按规定把剩余的路费上交给组织，但有个别同志不肯交，我就狠狠地批评他们无组织无纪律。后来，这些同志虽然把款物交了，但由于我的态度生硬，使他们思想抵触很大。古大存同志知道这件事后，除了耐心地和这些同志作解释外，还专门找我谈话。他说，做组织工作的人，首要的一条就是使同志们时刻感到党的温暖。对犯错误的同志，我们也要用母亲抚爱孩子的心情，耐心细致地做说服教育工作，不能粗暴地批评了事。这几句话，语重心长，至今仍使我深受其益。也正是由于古大存同志有着"慈母"心肠，每当同志们遇到一些喜悦或苦恼的事情，都喜欢向他倾诉。

中华人民共和国成立初期，古大存担任广东省政府副主席兼省民政厅厅长和省直属机关党委书记。作为省直属机关党委书记，古大存经常对干部进行思想教育。那时，有的干部进城后思想起了变化，想抛弃同甘共苦的妻子。为此，有些女同志就找古大存诉委屈，古大存都能耐心、细致地做调解、教育工作。

（四）古大存廉洁作风的启示

党的十八届六中全会，以全面从严治党为主题，审议通过了《关于新形势下党内政治生活的若干准则》和《中国共产党党内监督条例》，就新形势下加强党的建设做出新的重大部署。中国共产党一向重视党的建设，党的建设是中国共产党在新民主主义革命时期的三大法宝之一。在今天全面从严治党的新形势下，学习研究古大存廉洁作风给我们带来许多启示。

1. 坚持和发扬艰苦奋斗精神

艰苦奋斗、勤俭节约是中华民族的传统美德，是中国共产党的优良作风。早在党的七届二中全会上，毛泽东就提出了"两个务必"的根本性要求，即"务必使同志们继续地保持谦虚、谨慎、不骄、不躁的作风，务必使同志们继续地保持艰苦奋斗的作风"。胡锦涛曾在革命圣地西柏坡发表重要讲话，要求全党同志一定要牢记毛泽东倡导的"两个务必"。2013年7月11日，习近平总书记也在西柏坡发表讲话，再次强调"两个务必"。古大存谦虚谨慎，生活朴实，始终保持共产党人的政治本色。他身为国家高级干部，从不摆架子，不搞特殊化，不搞以权谋私，坚持做群众的贴心人。他作风朴实，平易近人。平时，他按上下班时间到办公室办公，晚上经常还到办公室加班。无论是党内外同志，还是干部群众，有事找他，他都亲切随意，热情接待，耐心听取意见，倾心交谈。

2. 密切联系群众

党在领导新民主主义革命的过程中，把党的建设作为一项"伟大的工程"，逐步形成了理论联系实际、密切联系群众、批评与自我批评相结合的三大优良作风。党的宗旨是全心全意为人民服务。以人为本，执政为民是检验党的一切执政活动的最高标准。党在任何时候都要把人民利益放在第一位，始终与人民心连心、同呼吸、共命运，始终依靠人民推动历史前进。党从成立之日起，就把为人民服务作为自己的最高原则，把代表工人阶级和全国各族人民的利益作为党的一切活动的出发点和落脚点。全面从严治党，作风建设至关重要。习近平主席反复指出："如果不坚决纠正不正之风，任其发展下去，就会像一座无形的墙把我们党和人民群众隔开，我们党就会失去根基、失去血脉、失去力量。"作风问题的核心是保持党同人民群众的血肉联系。我们学习研究古大存的廉洁思想，应该学习他紧密联系群众、时刻和群众打成一片的良好工作作风。在革命战争年代，他依靠群众，发动群众，和根据地的人民保持着血肉联系，一次又一次地闯过各种险关。中华人民共和国成立后，古大存保持无产阶级"战士"本色，时刻关心群众疾苦，将人民群众的冷暖装在心上，全心全意为人民服务，从而赢得了广大党员干部和群众的尊敬和爱戴。

古大存模范地执行党的优良传统作风。无论是战斗年代还是在和平建设时期，在其几十年的革命生涯中，古大存都保持和发扬党的优良传统和作风。他党性坚强，顾全大局，服从大局。为了党和人民的利益，总是毫不犹豫地牺牲个人和局部的利益。他胸怀坦荡，为人厚道，待人谦虚，同志们与他接触都感到他真诚、和蔼、可亲、可敬。古大存平易近人，从来不摆官架子，关心群众疾苦，体贴群众，与人民群众同甘苦，共患难。坚持从群众中来、到群众中去，从群众中汲取智慧和力量，坚决反对不深入群众、不解决具体问题的官僚主义作风。古大存是党的纪律和各项规章制度的模范执行者，从不搞特殊化，生活艰苦朴素，两袖清风，始终保持劳动人民的本色和共产党员的本质。

邓小平"尊重群众，热爱人民，总是时刻关注最广大人民的利益和愿望，把'人民拥护不拥护''人民赞成不赞成''人民高兴不高兴''人民答应不答应'作为制定各项方针政策的出发点和归宿"。我们要弘扬古大存密切联系群众、全心全意为人民服务的优秀品德。他始终保持同人民群众的血肉联系，全心全意为人民谋利益。学习古大存这种优秀品德，深怀爱民之心，恪守为民之责，深入群众，体察民情，在工作中贯彻群众路线，把党的正确主张变为群众的自觉行动，始终把人民群众的情绪作为第一信号，把人民群众的需要作为第一选择，把人民群众的满意作为第一追求，把人民群众物质文化生活水平的提高作为第一目标，把最广大人民群众的切身利益实现好、维护好、发展好。

3. 仗义执言，关心群众疾苦

在党的革命、建设和改革的历程中，中国共产党始终把保障和改善民生作为自身的奋斗目标，并进行了艰辛的探索和实践。人民所向往的美好生活，就是我们的奋斗目标。党的十八大以来，以习近平为核心的党中央十分重视民生建设，始终把人民放在心中最高的位置。民生思想始终体现在中国共产党的执政过程中。党的十八大报告指出：加强社会建设，必须以保障和改善民生为重点，积极解决好教育、就业、收入分配、社会保障、医疗卫生和社会管理等直接关系人民群众根本利益和现实利益的问题。古大存极为关心人民的疾苦，极为爱护党员干部，对受到冤屈和错误处分的同志他会深表同情，随时将了解到的情况向有关方面反映，提出意见，不畏权势，仗义执言，有人誉之为"活包公"。古大存对出现的一些不正之风和恶劣行为深恶痛绝，严正批评，刚直不阿。

中华人民共和国成立后，古大存于1951年、1955年、1961年三次回五华，他的廉洁作风给五华人民留下了不可磨灭的印象。他关心人民群众，关心家乡建设；他关心群众疾苦，而又坚持原则，从不徇私迁就；他实事求是，经常深入实际，调查研究，言之实在，不讲一句空话；他特别熟悉乡情、民情，连家乡什么地方群众有什么要求，哪处要建座桥梁，某人生活困难要照顾等，都能讲得具体扎实，清清楚楚；他爱护后辈，诲人不倦，就是对犯过错误的同志也以理说服，春风化细雨，润物细无声，从不骂人训人。

古大存对自己要求严格，勇于自我批评，从不自我吹嘘，从不居功自傲。他光明磊落，刚正不阿。对自己以及别人的缺点错误，不搞自由主义。毛主席曾说他是"带刺的红玫瑰"。他平等对待自己身边的工作人员，十分关心照顾他们。对于自己的工作成绩，他总是归功于党，归功于集体，总是觉得自己对党的贡献少，组织上对自己的照顾多。

四、何如璋

何如璋是我国晚清杰出的维新思想家、外交家，是中日两国正式邦交的开创者。晚清时期，风云变幻，政府腐弱，何如璋是一位满怀爱国情怀的正直官员，一位在外交方面很有战略眼光的驻日公使，一位善于谋划的船政大臣，一位开明、进步、努力学习世界先进事物的新型士大夫，一位有心救国却无力回天的悲情人物。何如璋以救国救民为己任，师夷长技，清廉爱国，家教有方。中华民族传统的优秀文化在他身上得到完美体现，他崇尚廉洁文化、践行廉洁思想，推己及人，其思想价值，以及传承的廉洁文化的精髓值得探讨和借鉴。

（一）何如璋生平简介

何如璋（1838—1891），字子峨。道光十八年（1838）二月二十九日，何如璋出生在广东省大埔县湖寮镇双坑村（崧里）的一个农民家庭。何如璋的父亲何宏光性格秉直，知法明理，处事果敢，在家族中颇有威望，后辈们都很敬畏他。何氏家族在当地是望族，共有一千多人，族人中每每有矛盾，都会找何宏光评理，何宏光总是能够非常耐心地反复开导，以理服人，尽力化解矛盾，在当地有"里中二十年元涉讼公庭者"的美谈。何如璋的母亲范氏是一位善良的农村妇女，对长辈，能够"曲尽孝道"；对旁人，"慈惠宽和"；对子女，"不为姑息"。何如璋在家中排行老三，还有两位哥哥，弟弟五人，妹妹一人。客家人历来重视教育，相信"家无读书人，官从何处来"的道理。而湖寮镇更是重视教育的典范，乡人崇文尚武，把新中秀才者称为新贵人，认为中秀才后，可以光宗耀祖。当新中秀才回村时，族中老者必请锣鼓乐队，派执事于村口迎接。新贵人则请其受业为师或长辈，披花挂红，由下宫起程，直上大宗祠拜祖。拜完祖后，即在大宗祠设宴，合族欢庆。宴席散后，仍由鼓乐、执事送新贵人回家，以示荣耀。如果考中举人、进士的，则族中请鼓乐、执事到湖寮的河头三义庙开始迎接，仪节与接新秀才相同。

何氏家族重视教育。据史料记载，何氏家族中有76人先后考取功名，计有进士2人，举人5人，武举人1人，武庠生13人，庠生49人，贡生6人。在这样的背景下，尽管家庭比较贫寒，何如璋的父亲也竭尽所能供养子女读书。到了何如璋13岁那年，因家中人口太多，实在无法维持，父亲只好忍痛让其辍学，回家放牛。虽然无法上学，但何如璋没有放弃学业，仍然坚持自学。何如璋这种刻苦钻研、孜孜不倦的学习精神，最终打动了他的姑父陈芙初。陈芙初是一名贡生，在大埔县很有名气，他称赞何如璋有志气，并决心亲自指导他学习。在陈芙初的指导下，何如璋更加认真地读书，其学业提高非常快，何氏家族中的长辈何秋槎也很感慨，预言何如璋将来的成就定在全族人之上。

咸丰六年（1856），年仅19岁的何如璋考中了秀才，成为县学生员，他十分珍惜学习机会，继续刻苦学习。咸丰十一年（1861），年仅24岁的何如璋又在乡试中考中举人。同治四年（1865），28岁的何如璋开始了自己的仕途，被任命为福建省署理汀州知府，并被保为五品知县。何如璋立志在任要造福一方，没想到当时官场昏暗，一腔热血却没机会施展才华。有志不得伸的何如璋，决心重操学业，再入考场。同治七年（1868）春，31岁的何如璋在会试中进士，殿试二甲第27名，钦点第25名，进入翰林院当庶吉士，三年期满后，同治十年（1871），钦加一级辛未散馆授职编修。

何如璋是个很有远见的人，他年轻时对桐城古文研究非常感兴趣，在这方面研究也非常深入。后来，随着眼界逐渐开阔，他发现桐城古文已经不能满足现实需要。随着西方文化传入中国，何如璋觉得时事政务更加有利于朝廷。因此，何如璋毅然放弃多年研习的古文，转而潜心研究学习时事政务。何如璋看到当时沿海地区海外贸易繁荣，因此他经常去天津、上海等地，找机会结识中外有学识、有见地的人士，并向各国传教士学习外国国情以及国家政务方面的知识。经过几年的钻研，何如璋在实事政务方面收获颇丰。后来，何如璋进入翰林院任编修，就有更多机会学习和接触海外时政，知识积累更加丰富，逐渐成为当朝洋务方面的专家。何如璋认为，清政府只有加强学习西方先进的机器设备、现代化的军事科学技术，才能摆脱西方列强的侵略。因此，何如璋大力支持洋务派的各项主张。当时，何如璋的弟弟何同璋做兵部主事，在其弟弟的引荐下，他受到了洋务派的核心人物李鸿章接见。在接见过程中，李鸿章发现何如璋对洋务方面的知识了解很透彻，而且对当前国际时局变化有独到的见解，因此对何如璋赞赏有加。李鸿章曾经这样评价何如璋："不图翰林馆中亦有通晓洋务者也"。何如璋的洋务、时政方面的才能得到朝廷关键人物的赏识，仕途坦荡，接连升迁。同治十一年（1872），35 岁的何如璋因皇帝大婚钦加二级得从五品封典，被封为奉直大夫，翰林院编修加三级。同治十二年（1873），皇上亲政钦加二级得正五品封典，封为奉政大夫，翰林院编修加四级。同治十三年（1874），被封为甲戌奉旨派充国史馆协修、武英殿协修纂修。光绪元年（1875），被封为乙亥恩科顺天乡试磨勘官，日讲官，起居注。

当时正好是第二次鸦片战争刚结束，"洋务派"大力主张学习和利用西方先进的军事技术和科学技术，来维护清王朝的统治，代表人物有奕䜣、文祥、曾国藩、李鸿章、左宗棠、张之洞。光绪二年（1876），何如璋被朝廷任命为驻日副使，但是因为日本国内爆发内战，因此推迟一年上任。

光绪三年（1877），何如璋终于迎来了再次提拔的机会，受李鸿章举荐，清政府委任何如璋为驻日正使，并晋升为翰林院侍讲，晋升二品顶戴，成为中国首任驻日公使，当年何如璋才39岁。同年，何如璋结识了一位人生中的挚友——黄遵宪。黄遵宪出生于广东嘉应州，与何如璋为同乡，有"诗界革新导师"之称，被誉为"近代中国走向世界第一人"。光绪三年（1877），黄遵宪在京参加顺天乡试，被录取为第141名举人。当年底，何如璋被改任为出使日本国正使钦差大臣。何如璋对黄的文采十分欣赏，经何如璋奏请，黄遵宪被任命为驻日使馆参赞。从此，两人结为世交。驻日期间，茶余饭后，谈及家常，双方相约离任回国后，各建一间庐舍，按晋代诗人陶渊明"结庐在人境"的诗意，均题名为"人境庐"，以表彼此世代交谊。光绪七年（1881）十月初，敦请日本友人、汉学家和书法家大域成濑温先生挥毫，写给黄遵宪的"人境庐"三字采用楷书，写给何如璋的"人境庐"三字则采用隶书。

光绪八年（1882），45岁的何如璋使日任满回国，被封为翰林院侍读学士，并奉旨督办福建船政大臣。光绪十年（1884）七月，中法马江海战爆发，主帅张佩纶、何如璋秉承李鸿章旨意下令"无旨不得先行开炮，必待敌船开火，始准还击，违者虽胜尤斩"。中法马江海战中国惨败，激起有识之士的极大愤慨，清政府迫于国内压力向法国宣战。由于战败，何如璋作为中法战争主要官员，立即遭到弹劾，主要罪状是私匿战书、避战、出逃、贪污经费等项，而且当时谣传"两张无主张，两何无奈何"（"两张"指海疆会办大臣张佩纶、福建巡抚张兆栋，"两何"指闽浙总督何璟、福建船政大臣何如璋）。左宗棠、杨昌浚奉命调查何如璋等人，后经调查，决定力保何如璋等人，于是上报朝廷查无此事，以澄清事实，但是左宗棠、杨昌浚却因为这件事受到牵连。最后，何如璋和张佩纶一起被定罪遭到贬戍。

光绪十一年（1885），皇帝降旨，何如璋、张佩纶等被贬到河北张家口，在那里度过近四年的流放生活。黄遵宪得知好友何如璋对朝廷忠心耿耿，却落得如此下场，自伦敦致函何如璋云："公前在日本，后在船政，他勿论，为国家省糜费无数，而修善获祸如此，遵宪念之，每为三叹。"彼此交谊之深，由此可窥一斑。光绪十四年（1888），戍边期满释戍，51岁的何如璋主潮州韩山书院讲席。光绪十七年（1891）秋，何如璋因病去世，享年54岁，埋葬在广东梅州市大埔县湖寮镇莒村白梅潭伯公坪丙山。

何如璋的所有文字著述，同黄遵宪一样，生前没有结集出版，身后也没有搜集整理成编。因此，他们大量的诗文著作散逸不传，留下无法弥补的遗憾。

（二）何如璋廉洁轶事

何如璋先生一生不仅自身廉洁自律、克己奉公，还严格要求后辈恪守客家人勤奋、节俭的处事原则，堪称为官和做人的楷模。在他一生的经历中，流传着很多关于他廉洁自律的佳话。

1. 牛角挂书

"宿茂塘，读书屋，牛角挂书，牧童耕经入朝堂"，这是何如璋族人对他幼年时求学的生动描述。何如璋因家贫幼年辍学回家放牛，但他没有放弃学业，仍然坚持自学，每天和其他穷孩子一起，骑坐着牛，穿行于山林之间，朝沐晨曦，暮披晚霞，每次出去放牛，总是不忘记带上书，有时将书挂在牛角上，一路上吟诵、学习。幼年时期清贫的生活，深刻影响着何如璋廉洁自律、体恤爱民的做人为官之道。

2. 石牌坊之议

在大埔县茶阳镇学前街有一座石牌坊，造型雄浑，工艺精巧。这是为纪念明朝嘉靖十四年（1535）进士、官至户部员外郎的饶相和其子万历十七年（1589）进士、官至中书舍人的饶与龄而建，石牌坊上端一面刻"丝纶世美"，一面刻"父子进士"。光绪二十三年（1897）何如璋次子何寿朋中进士。喜报临门，合族欢腾，全县轰动。不少何氏宗亲提议在当时茶阳县城建石牌坊以示荣耀，此议当时得到全族赞成。消息传到南洋，南洋何氏巨富何秋谷表示愿以财力支持。但何如璋父子谦恭为怀，淡泊名利，不同意建石牌坊，故此"父子进士"鲜为人知。

3. 严格治家，恪守家风

要治国，先治家。治家不严，为事必然不公。曾子杀猪以教子言而有信，司马光教育孩子"由俭入奢易，由奢入俭难"。何如璋作为大知识分子，深刻明白这些道理。他在治家方面心怀公心，不偏不倚，要求后辈勤俭诚信、遵守法纪，上无愧天地、下无愧人民。

何如璋在为官期间，定期与家人通信，书信中经常叮嘱子侄后辈注意节俭，不可骄奢浪费。他在信中告诫：诸儿辈宜加以检点，勉力为人，不可稍有所挟，"一切应酬，有万不得已者，非自己力求撙节，则区区薪水之数，恐入不敷出。且弟侄儿辈，不知甘苦，不思立志，无以节制之，日流侈逸，贻误非轻"，"第应用之外，自己能加意检点，省一分即得一分。今日时势，不特贸易难，即作宦亦万分为难。内外贤大吏，皆力求撙节，衣服起居饮食，莫不从简反朴。不在官场，又非素富贵之家，不思勤俭，何以为生计乎！"

（三）何如璋廉洁作风的体现

《中华名流大典》第三卷中对于客家名人何如璋的评价是：清廉若水，执法如山。何如璋的廉洁作风主要表现在以下几个方面：

1. 克己奉公，清正廉洁

在中华民族的历史上，不少仁人志士都曾探索过从政为官之道，克己奉公、清正廉洁是公认的中华民族传统美德。

何如璋曾被朝廷任命为出使日本国的钦差大臣，他说道："如璋猥以疏陋小臣，亦滥假崇衔充使日本。自惟谫劣，如古之出疆专对樽俎折冲者，已无其才。如今之觇国势护商旅者，又无其术。夙夜惴惴唯不克称职是惧，海程之险远，归期之淹迟，非所计也。"他自认为作为弱国使者，没有强有力的本国政府作后盾，是很难担大任的，但是为了国家利益，他知难而上，勇敢地挑起这副担子。在日本期间，他不仅代表清政府，也代表有着数千年悠久文化传统的中国，出使对汉唐文化无限崇拜的日本近五年。作为一个钦差大臣，他维护了当时清政府的利益，也维护了中华民族的利益；作为一个文化使者，他向日本人民尽情展示了中华文化的精华，赢得日本国的真诚敬仰。因此，他回国后被当时的清帝信任和重用。

清廷史官吴道镕曾撰文："公在使任六年（实任期四年半），所有筹谋皆上书朝廷，往往千言，剀切详尽。其后内地通商，终公之任，日本百计求之不得。琉球则于公去任之后，日人遂夷为冲绳县。朝鲜则以东学党乱，我与日有甲午之战，日本战胜，马关改约，夺我藩属，强之中立，公之筹宪，所烛照数计于十多年前者，竟不幸而言中，则以当日任事大臣，虽趑公言，顾重开衅，不能尽用，养虎坐大，以贻斯患也。"何如璋在任上克己奉公，兢兢业业，为维护国家的尊严和领土主权，操尽辛劳，外不辱使命，内不负国人，政绩卓著，颂声远扬。

何如璋出使日本归国后，被任命为福建船政大臣，手握实权。但他为官清白正直，不畏强权。光绪九年（1883）十月，何如璋受命主管马尾造船厂。同年十二月二十五日接钤视事。该厂创办已十多年，但诸弊丛生。他认为，厂内懒散人员过多，官宦浪费钱财严重。要提高行政效率必须精简机构，增强官员的勤政意识。为了改变世风日下的时局，他倡导廉政之风，即行整顿，除去冗员和贪污者，又严密稽核支销，节约费用十多万两。他也因此得罪了许多福州官员，当中法战争战败的时候，要求对他从严治罪的，几乎都是福州籍的官员。在与父母的家书中他还曾说道："若非分营求，以供挥霍，则上负君国，内愧大人。男夙夜矢心清白，决不敢丝毫苟且，所以拳拳克自成立者此也。"可见他为官正气，廉洁自律。

何如璋官居二品，在当时的社会威望非常高，但是，他并不倚仗官势为家族谋私，而是勤勉教导子侄认真读书上进。在出任福建船政大臣后曾有亲朋人等前往马尾造船厂，欲托他找个好差事，他却将亲朋安置在署外，婉言遣归原乡。同时写信给其父母，信中云："局中一切均有旧章，决难易改。又船政系办公之地，亦无督办到署，即行任用本家亲戚，迹涉营私之事……六弟等可将此中情形转致各家亲戚，不宜冒昧前来，彼此俱无趣味也。"何如璋遵循着中国传统文化中"为官之要在于廉"，他秉公办事，以廉率人，关键时刻坚守了自己的底线，身先士卒，做好了榜样，树立了威信。

2. 读书非官，勤苦俭约

何如璋13岁时因为家境不好而辍学，但他没有放弃学习，每次出去干农活都是带着书去自学。功夫不负有心人，在19岁那年，他考中了秀才，24岁便成为一名举人。他读书刻苦，在科举考试的路上步步为营，他反对读书做官论。这些在他后来的书信中能得以体现，他时刻警示后代要刻苦读书，学习做人，学会自立，做个明事理的人。何如璋认为："立家之道，在子弟恂谨孝友，能立志成人，不在多积资财。"读书并不是唯一的出路，也不把做官当作最高的追求。按照他的说法："材质有限，不能尽望其读书，亦不必冒读书虚名也。吾族世代山居，敦朴乃其本分，子弟切不可染宦家习气。且为官非世业，不可恃也。""吾家乡僻读书外，当以耕商为业，仕宦一途，非可持久为大家长策。""告诸弟侄儿辈知之，吾家山居贫瘠，除力作之外，便须努力读书。有成，方有立身之计。现诸侄儿辈年方二十，正宜严行课督，庶可有成。否则年日长大，不文不武，耕读二字，一无所能，徒令阿兄终日代为操劳而竟无安顿善法。"

他的思想在当时"学而优则仕"的社会氛围中很是高尚。他继承发展了孔子的"志于利禄，学者之大患也"的思想，反对子孙为功名利禄而学，希望子孙刻苦勤奋，提高自己的思想境界。他时常告诫自己的子侄："先生已开馆侄儿辈宜尽心读书。诸侄儿辈宜上紧用功。诸儿辈宜加以检点，勉力为人，不可稍有所挟。须嘱诸侄儿辈，猛着祖鞭，期有所成。煜侄年已十四，须鞭紧读书，勿以游忽误之。弟侄儿辈务当勉志自立，苐能各执一业，便不致游手好闲，归于败类。但使弟侄辈立志做人，自有立脚之地。"谆谆教诲，一片苦心，情义倍至。

在对待人情社会问题上，何如璋态度非常明确。他曾说："子弟但患不才，果有可用之才，当自有飞腾之日。深侄楚儿辈，趁此少壮，勉力为之，此一生立脚之根本也。若一艺无成，徒欲恃情面钻营为衣食之计，不特不得，即得之亦未必能联络一气矣。"他要求子弟要刻苦勤奋，才能在社会上站稳脚跟，而不能依靠关系生存。

他还注重对家中子侄生活作风的培养，经常吩咐他们在日常花费上要注意节俭，不可以奢为尚，漫无节制。

3. 大公无私，勤政爱民

青年时代的何如璋潜心攻读先秦两汉散文和唐宋八大家的作品，以阳刚阴柔分析文章风格。后来他看到两次鸦片战争惨败，列强弱肉强食、虎视眈眈、祸端四起，清政府腐败无能、国事日非、处于危急存亡之秋。为了解除内忧外患，实现富国强兵，以维护清朝统治，一部分人开始学习西方文化及先进的技术。何如璋常年往返于广州、天津、上海，有机会接触到新鲜事物，究心当世之务。因此，他非常拥护洋务派的主张。一次，他谒见洋务派首领李鸿章。席间，议论时局国事，何如璋侃侃而谈，力陈所见，李鸿章对他大加赏识，并说："想不到翰林院中，竟有人如此通晓洋务。"何如璋在国难当前，忧国忧民，寻求改变，顺势而动，体现了他卓越的见识和过人的胆量。

何如璋在出使日本期间，洞察到日本将并吞琉球，进而侵占台湾和澎湖列岛之势。即于光绪四年（1878）四月二十八日致李鸿章称："阻贡不已，必灭琉球；琉球既灭，行及朝鲜。否则，以我所难行，日事要求，听之，何以为国？拒之，是让一琉球，边衅究不能免……他时日本一强，资以船炮，扰我边陲，台澎之间，将求一夕之安不可得。是为台湾计，今日争之，其患犹纾，今日弃之，其患更亟也。口舌相从，恐无了局。然无论作何结局，较之今日隐忍不言，犹为彼善于此。"何如璋呈请清政府出面交涉，要求清政府阻止日本的侵略计划。可是，何如璋这种忧患意识并没有引起当权者的重视，李鸿章在复信反对说："琉球朝贡，本无大利，若以威力相争，争小国区区之贡，务虚名而勤远略，非惟不暇，亦且无谓。"要他就此罢休。但性格刚烈的何如璋仍据理力争，向日本不断提出口头抗议，招致日本外务卿寺岛宗反咬一口，认为其"日本堂堂大国，谅不肯背邻交欺弱国，为此不信不义无情无理之事"一句是"暴言"，要求何如璋作出书面道歉，如果不从，即中止谈判。而李鸿章对何如璋的做法大不为然，他在致总理衙门的《密议何如璋》函中写道"子峨（即何如璋）虽甚英敏，于交涉事情历练未深，锋芒稍重转致激生变端"，充分表明何如璋的积极态度得不到清政府当权者的支持。何如璋被李鸿章最终撤职回国。结果，在何如璋任满回国前，日本将琉球吞并，改名为冲绳县。此后，日本没有停下侵略他国的脚步，于光绪二十年（1894）发动甲午战争，中国大败，朝鲜半岛、台湾、澎湖列岛皆沦为日本殖民地。何如璋当年向李鸿章和清廷的报告中说的"琉球既灭，行及朝鲜"和"台澎之间，将求一夕之安不可得"的预言皆成为事实。

何如璋出使日本时间虽短，经办之事草草结束，但他作为一个有智慧、有胆识、有魄力的外交官，那种不卑不亢、力挽狂澜的严正立场，是值得称道的。尤其值得注意的是，李鸿章曾有恩于何如璋，正是李鸿章的力荐，何如璋才能被朝廷指派出使日本。但是后来，在对待琉球的问题上，何如璋对恩师并没有唯命是从、俯首帖耳。相反地，他敢于坚持自己的爱国立场，直言不讳，甚至不惜丢掉乌纱三番四次提出意见，可见何如璋忠臣义士的气概。

何如璋在日期间，还做了两件维护国家利益的大事，一是维护了数千旅日侨胞的合法权益。何如璋刚到日本，便要求增设中国驻日领事馆。日本当局不肯，经反复交涉，终于同意增设横滨、神户、长崎三处领事馆，我国取得领事裁判权。从此，在日侨胞的生命财产安全得到更好的保护，受欺凌的处境得到改善，侨胞们无不感恩戴德。二是何如璋看到我国受不平等贸易之害，向清廷上《奏陈商务请力筹抵制疏》，主张必须力筹抵制洋货。不久，日本要求与我国内地通商，且要享受与西方列强相同的低税率优待。于是，他又向清政府上书《内地通商利害议》，陈述中日贸易每年已入超过多，建议不能再准日本享有低税率和在内地通商等优待。清政府接纳了他的建议，拒绝了日本的不正当要求，维护了中日贸易的平等。

何如璋是一个忧国忧民的爱国外交官，当外国列强提出不合理要求时，他频频上书进言力争，既能顺应世界潮流，又能权衡得失，维护国家利益。他提出的一些对外贸易必须坚持的原则如独立自主、互通有无、互惠互利、维护国权、保障民生等等，在今天看来，仍有其现实意义。

（四）何如璋廉洁作风的意义

通过对何如璋生平的探索、研究，总结其廉洁作风，挖掘其现实意义，能为当今社会的发展服务。何如璋廉洁作风丰富，并具有较强的实用性，其具备的普遍价值和借鉴意义对社会发展产生一定的积极影响。学习他的克己奉公、清正廉洁、读书非官、刻苦俭约、大公无私、勤政爱民，有利于加强党风廉政建设，践行社会主义核心价值观，继承和弘扬客家优秀传统文化，形成良好家风，加强官德建设，实现"中国梦"，继承和弘扬爱国主义精神。

1. 有利于加强党风廉政建设

何如璋虽身处社会腐败堕落、国家动荡不安的年代，但他仍然能出淤泥而不染，保持一身正气，为中国封建官场带来廉洁的风气。何如璋为官期间以身作则，清廉为官，以国家利益、民族振兴为出发点，忠于自身职责，发扬廉洁作风，从而具有了独特的人格魅力。为官者要保持廉洁品质，不仅要将廉洁思想放在心中，更要落实在工作上。何如璋所表现的廉洁作风，要求为官者应当具备不论官位高低，都能从自身职责出发，为国家、民族的利益牺牲个人私利的为官信念。

何如璋的廉洁作风与党风廉政建设的指导思想相吻合，是党风廉政建设的重要组成部分，可以提高领导干部的责任意识，促使领导干部履行职权时兼具规范性、廉洁性，切实为人民谋福利。继承、弘扬何如璋的廉洁作风的同时也是在弘扬我国传统优良美德，能够促进党风廉政建设，有助于促进形成以清廉为荣以贪婪为耻的良好社会氛围，引导领导干部牢记"八荣八耻"，切切实实地做好人民群众的"公仆"。

领导干部如果滥用职权，会严重影响党内风气，削弱党的执政能力，降低党的公信力。只有消除不清廉的现象，政府才能深得民心，党才能长期执政，国才能长治久安。由此可见，为加强打击腐败风气，促进清廉风气的建立，必须要求领导干部要以身作则，学习何如璋清廉作风，公正公平公开地执法，全心全意为人民服务，切实履行作为"人民公仆"的职责。因此，何如璋的廉洁作风在加强党风廉政建设中的现代作用不容忽视。

2. 有利于践行社会主义核心价值观

党的十八大报告中对社会主义核心价值观进行了提炼和概括，明确提出"三个倡导"，即"倡导富强、民主、文明、和谐，倡导自由、平等、公正、法治，倡导爱国、敬业、诚信、友善，积极培育社会主义核心价值观"，这不仅是社会主义核心价值体系的凝练和升华，更体现着核心价值体系最深层的精神内涵。社会主义核心价值观感召、凝聚、引导着国家、社会以及公民个人三个层面的发展，社会主义的现代化建设、民族的伟大复兴、中国梦的实现。它不仅体现着个人的价值观以及行为规范，更是一种治国理念、兴国之魂。

优秀传统文化对培育和弘扬社会主义核心价值观产生了深远影响，而作为优秀传统文化的重要组成部分——何如璋廉洁思想，在实践中体现出其深厚的价值底蕴和强大的生命力，它所蕴含的克己奉公、清正廉洁、读书非官、刻苦俭约、大公无私、勤政爱民等道德行为规范引导着广大人民群众自觉养成良好的道德品质，自觉践行社会主义核心价值观。同时，廉洁作风作为一种道德诚信文化，时刻鞭策人们树立勤俭节约、诚信友善、品行高洁的理想信念，有助于人们将个人巨大的内在力量通过个人修养得到充分的价值体现。通过挖掘廉洁中的价值内蕴提高自身的文化修养和道德修养，并在社会主义实践中不断发展自我、完善自我，树立正确的世界观、人生观和价值观，借鉴内涵丰富的廉洁作风为践行社会主义核心价值观注入新的活力，也是人民的选择、时代的要求。

3. 有利于继承和弘扬客家优秀传统文化

客家人不仅是中华民族大家庭中重要的成员，也是汉民族中的一个地缘性群体，具有汉族民系的显著特征。客家传统文化是一代又一代客家人在适应生存条件、努力发展的过程中创造出来的全部物质文化与精神文化的总和。客家人发源地为中原地区，所以客家文化也带有浓厚的中原文化特色。客家文化体现着客家人崇尚文化、重视教育，艰苦奋斗、吃苦耐劳，开拓进取、念祖思亲，爱国爱乡、和谐发展等精神，在潜移默化中影响着一代又一代的客家人。何如璋因为家境不好而辍学，却没有放弃自己的学业，利用一切机会自学，勤奋刻苦，最后考取功名，体现着客家人勤奋好学、崇文重教的精神。当得知日本有意吞并琉球，进而侵占台湾和澎湖列岛时，何如璋据理力争，一方面立即上书当时的清政府，另一方面不仅向外务省提出口头抗议，而且通过措词强硬的照会书面向外务卿提出抗议，充分体现客家人爱国爱乡的精神。何如璋的思想、行为很好地继承了客家优秀传统文化的精髓。他的廉洁思想在一定程度上赋予了客家精神新的解读，丰富了客家优秀文化的内涵，激励一代又一代的客家人从国家、民族、人民的利益出发，切切实实地为实现"中国梦"做出自己应有的贡献。

4. 有利于形成良好家风

良好的家风对整个社会的发展具有积极作用。习近平主席在2015年春节团拜会上强调，家庭建设在每一个时代背景下都应该受到关注与重视，培育和弘扬社会主义核心价值观离不开家庭、家教以及家风的影响。我们在当今社会要进一步发扬中华民族传统家庭美德，促进家庭和睦、亲人相亲相爱、下一代健康成长、老年人老有所养。习总书记在这里强调了家风对家庭建设的重要性。重视家教家风、建设优秀家风和家训一直是我们中华民族传统的家庭美德，也是当今社会家庭建设和精神文明建设的重要内容。何如璋在为官期间注重家风建设，督促家族成员要努力读书，勤奋刻苦，并要明确读书并不是为了考取功名，而是要注重提高自己的思想境界。同时他还注重对家中成员生活作风的培养，常常叮嘱家中子弟要养成勤俭节约的习惯，切勿毫无节制，铺张浪费。由此可见，何如璋在提高自身思想品质的同时注重对家族成员的教育引导，加强家风建设，树立良好家风。中国传统社会是家国一体的社会结构模式，人们对家庭稳定、和谐有着强烈情怀。在治家过程中，人们普遍将"勤俭节约"作为重要的家庭教育内容，渗透到家训教化、家风营造中，以培养子女优良品行。因此，弘扬何如璋廉洁作风有助于廉洁之风进家庭，推动廉洁家风培育。

5. 有利于加强官德建设

何如璋的廉洁作风能促进社会形成良好的官德、官风。何如璋的廉洁思想对清廉价值观的形成有一定的促进作用，"克己奉公、清正廉洁""大公无私、勤政为民"不仅是何如璋廉洁作风的核心内容，还是现代廉政思想的重要组成部分。

进一步加强官德建设,首先,要充分运用何如璋的廉洁作风,培养领导干部"克己奉公、清正廉洁,大公无私、勤政为民",遏制消极观念的形成,杜绝腐败行为的发生,抵制腐朽文化的侵蚀,从而提高为官者为人民服务的意识,培育为官者的清廉价值观。领导干部只有在思想上保持廉洁性,才能树立廉洁的价值观,才能廉洁执政。其次,何如璋的廉洁作风对提高为官者自我约束能力有着积极作用。何如璋廉洁作风包含着他的高尚品格和浩然正气,其一旦根植于官员心中,将对官员的思想、行为起到一定约束、规范作用。最后,何如璋廉洁作风有利于遏制腐败风气的蔓延。何如璋廉洁作风所体现的精神理念与目前我国开展的反腐倡廉工作的理念是一致的。通过宣传和弘扬何如璋廉洁作风,可以影响社会成员,潜移默化地熏陶人民,遏制消极腐败风气的蔓延,营造反腐倡廉的良好氛围。

6. 有利于实现"中国梦"

2012年11月,习近平主席提出"中国梦",并将其定义为"实现中华民族的伟大复兴"。"中国梦"的本质内涵是实现国家富强、民族复兴、人民幸福、社会和谐。为实现伟大的"中国梦",要求构建政府清廉、官员廉洁的社会环境。因此,对何如璋廉洁作风的弘扬有助于帮助实现中华民族的伟大复兴——"中国梦"。

第一,弘扬廉洁思想有利于推动公平正义、公民成长以及文化繁荣、教育进步。廉洁思想通过对社会的整合与调节,促进社会形成一个各司其职、和谐相处的局面;在公平正义原则的规范下,廉洁思想可以理顺社会机制、维护全体国民的合法权益、整合全体利益、解决矛盾冲突;廉洁思想可以引领道德规范,实现公平正义,提升民族凝聚力,推动社会进步、法治民主、公民成长,为构建创新型国家注入新的活力。

第二,何如璋廉洁作风有助于提高民族凝聚力和向心力。国家的富强、民族的振兴、人民的团结离不开中华民族源远流长的优秀传统文化的影响,文化凝聚作用促进中华民族的团结统一。廉洁思想是先进文化的重要部分,指引先进文化前进与发展。在统一模式的文化氛围中,廉洁思想可以教化、培育全体国民尤其是广大干部，形成相对一致的价值观念、思维模式以及行动方式，提高他们的凝聚力以及向心力，强化整个队伍的思想意识，帮助实现"中国梦"。

7. 有利于继承、弘扬爱国主义精神

2015年12月30日，习近平主席对爱国主义精神作了科学的诠释和系统的论述，丰富了爱国主义精神的内涵。爱国主义精神是中华民族精神的核心，是中华民族的精神基因，深深植根于中华民族心中，维系着华夏民族的团结统一，激励中华儿女为祖国的繁荣发展不懈奋斗。每一个中国人都应该心中常怀爱国精神，提升自身思想意识以及政治觉悟。爱国主义精神促进国家的生存、发展，是创造历史重要的思想源泉。因此，在国际形势复杂多变的今天，弘扬爱国主义精神仍然是一项必要而艰巨的任务，需将爱国主义教育贯穿国民教育和精神文明建设全过程。何如璋在出使日本时，为维护数千旅日侨胞的合法权益，反复要求日本政府增设横滨、神户、长崎三处中国领事馆，保障在日侨胞的生命财产安全；为维护国家经济利益，主张抵制洋货，建议日本不再享有低税率和在内地通商的优待，稳定内地经济。我们应该学习、弘扬他这种处处从国家利益、民族利益、人民利益出发，为捍卫国家的领土、人民的安全与日本政府作斗争的爱国精神。这样人们能够明确自己的权利与义务，将自己的价值与国家利益紧密联系在一起，强化自己的责任意识。

何如璋克己奉公、清正廉洁，读书非官、刻苦俭约，大公无私、勤政爱民的廉洁作风具有深远的现实意义，对当前社会文化建设、经济发展、反腐倡廉建设具有重要的作用。今天我们应该发现和重视何如璋的人格魅力，弘扬其廉洁作风，充分发挥其应有的价值。

五、黄遵宪

　　黄遵宪（1848—1905），字公度，别号人境庐主人、东海公等，广东嘉应州（今梅州市）客家人，晚清著名诗人、外交家、政治家、教育家。在中国近代史上，黄遵宪是一位走在时代前面，对我国近代化进程产生过一定影响的著名爱国者。黄遵宪的一生，是在多灾多难的晚清社会中度过的。他在光绪二年（1876）考中举人，后来奉清政府之命，曾担任过驻日本使馆参赞官、驻美国旧金山总领事、驻英国使馆参赞官、驻新加坡总领事等职务。出使国外的经历，使他成为晚清政府不可多得的睁眼看世界的先行者之一。光绪二十年（1894）底黄遵宪回国，竭力推动维新变法，加入强学会，和汪康年、梁启超一起创办《时务报》，积极宣传维新思想和变法主张。黄遵宪在担任湖南长宝盐法道、署按察使期间，联合巡抚陈宝箴等人，推行各项新政，先后创办南学会、时务学堂、武备学堂等，使湖南成为当时引领全国思想新潮流的重要阵地。此外，黄遵宪还一直致力于诗歌创作，在传统诗学领域开创出一片新天地。他在诗歌理论上提出"我手写我口"等一系列独到见解，在创作实践上将新思想、新词语、新事物与传统格律融为一体。同时，黄遵宪还静心研究史学，花费 8 年时间完成专著《日本国志》，此书"是近代中国研究日本的集大成代表作"。黄遵宪经历丰富，治学严谨，在中国近代史上有着重要地位和影响，一直是学术界关注和研究的对象。黄遵宪在其任职期间，清正廉洁，奉公守法，其所蕴含的客家廉洁作风仍然值得我们借鉴与学习。

（一）黄遵宪廉洁作风的形成

　　丁文江在《梁任公先生年谱长编》中说过："一个人的性格，是左右他一生事业的主因，而一个人的善恶优劣……的禀赋，多半是因袭他的先人和幼年的家庭环境所造成。"① 黄遵宪是地地道道的客家人，耳濡目染了客家廉洁文化。年青时期痛恨贪官污吏，同情劳动人民，他的一生始终恪守客家人"廉洁清正、勤劳节俭"的优良传统。在出使国外期间，他接受了西方资产阶级的分权理论，希望以此来解决中国政治腐败问题。黄遵宪的廉洁作风体现了客家传统文化与近代西方文化的结合。

1. 客家廉洁作风对黄遵宪的影响

客家文化源远流长，博大精深，其中蕴含着一套关于清正廉洁、奉公守法的为人处世原则，这就是客家廉洁文化。客家廉洁文化的精神内核是清廉律己、大公无私、爱国爱乡。奖惩分明、倡廉肃贪是其制度规范；廉洁爱民、廉政固本是其重要目标。客家廉洁文化的内容既有客家人廉洁的精神理念、价值观、道德观等，又有表现廉洁主题的俗语、格言，以及客家杰出人物的廉洁事迹等。这些内容通过丰富的形式如山歌民谣、诗词典故、匾额堂联、族谱家规等传承下来。

客家廉洁文化继承了中华传统廉洁文化思想，其主要内涵包括：勤劳实干、开拓进取、艰苦奋斗、质朴守信、廉洁自律、公道正派等。客家人在历史上经历过几次大迁徙，流落异地谋生。在历经长期艰难辗转迁徙的过程中，恶劣的环境和困苦的生活铸就了客家人艰苦奋斗的精神和吃苦耐劳、勤俭质朴的生活态度，深深地影响着世世代代客家人的人生理念和价值追求。

在客家廉洁文化的发展过程中，许多先贤的事迹为后人所敬仰。刘安世（1048—1125），号元城，是宋代梅州著名的以廉洁著称的官员，是黄遵宪崇拜的楷模。刘元城是广东古八贤之一，字器之，北宋魏（今河北大名）人，号读易老人，世称元城先生。他担任谏官多年，神色严肃立于朝廷之上，主持公道。他忠孝正直，当面指斥贪官，在朝廷上谏争，不喜欢歌舞女色珍宝财富。他在梅州创建了第一所书院（后世称之为元城书院），

---

① 丁文江、赵丰田编：《梁任公先生年谱长编》，中华书局 2010 年版，第 1 页。

开建了梅州书院之先河。明末清初乡贤李二何在《松江书院序》中说："开辟全潮之山川者，昌黎韩公；开辟梅州之山川而绍昌黎公之芳者，元城刘公也。"南宋梅州开始建铁庵纪念刘元城，《乾隆嘉应州志》云："铁汉楼，宋刘元城尝安置于此，数年不以险阻动心，苏轼以为铁汉，宋人建以表其节。知州杨应已慕其人，仍建铁庵，铭之旧州治内，今圮。相传城东南隅有元城书院，后人以祀刘元城，名曰铁汉祠，后废，不可考。明崇祯十一年，知县陈燕翼①塑像祀之北城楼上，名曰铁汉楼。"黄遵宪非常仰慕刘元城，表示要以其为榜样，年青时期他作了《铁汉楼歌》：

湿云漠漠山有无，登城四望遥踟蹰。颓垣败瓦不可踏，劫灰昏黑堆城隅。剟苔剔藓觅碑读，字缺半亦形模糊。公无遗像有精气，恍惚左右神风趋。忆公秉政宣仁日，自许稷契君唐虞。英名卓卓惊殿虎，辣手赫赫锄城狐。同文狱起事一变，先生遂尔南驰驱。洞庭寒夜走蛟蜃，潇湘清昼啼猩鼯。臣心万折必东去，一生九死长征途。岂知章蔡恨未雪，谓臣虽死犹余辜。如飞判使暗挟刃，来取逐客寒头颅。

梅州太守亦义士，告语先生声呜呜。先生湛然色不变，崛强故态犹狂奴。有朋谣诼细料理，对客酣饮仍歌呼。呜呼先生真铁汉，品题不愧眉山苏。一楼高插北城角，中有七尺先生躯。铁石心肠永不变，腾腾剑气光湛卢。荔丹蕉黄并罗列，无有远迩群南膜。军书忽报寇氛炽，官民空巷争逃逋。先生独坐北楼北，双眼炯炯张虬须。跳梁小鼠敢肆恶，公然裂毁无完肤。迄来凋瘵渐苏息，无人收拾前规模。东坡已往仲谋死，起人忠义谁匡扶？金狄摩挲事如昨，铅水清泪流已枯。我来凭吊空恻怆，呀呀屋上啼寒乌。

黄遵宪小时候深受其父亲黄鸿藻影响。黄鸿藻（1829—1891），字砚宾，号逸农，咸丰六年（1856）中举，先后担任过户部主事、广西思恩府

---

① 陈燕翼，字仲谋，福建侯官人。进士，崇祯八年（1635）知程乡县，建五忠祠与铁汉楼。

知府等。黄鸿藻一生官位不高，但是抱负不凡，常自勉道："士大夫平日读书养气，当自任以天下之重。一旦值国家大计，在所必争，则批鳞犯颜，不顾祸福，稍一瞻望，便贻千古之讥。若区区一小政之得失，一庸臣之进退，连章入告，以市恩而沽名，即其心无他，亦不免自视过轻矣。"黄鸿藻为官清廉，他在广西多次身任要职，管理厘务，负责军队后勤供给，然一介不取，"然处膏脂不能自润，宦粤西十年，卒之日，余囊不及三百金也"。黄遵宪一生都以父亲的廉洁而自豪。

2. 黄遵宪少年经历与其廉洁作风的显现

客家地处山区，崇山峻岭居其半。土地贫瘠，物产不丰富，粮食长年不能自给，经济落后，稍有天灾，就会发生饥荒。《程乡县志》记载："地瘠民贫，安土食力，惟是山苗溪毛、川鳞、泽羽与。夫竭妇子终岁之勤而得之者，不过谷粟、布缕、鸡犬、果蔬，仅足日用之需而已。时偶不若力一不勤，未免冻馁。土物是爱，在程民，为尤急志物产。"由于生存条件不好，在政治腐败的清朝，嘉应农民起义不断爆发。

黄遵宪从小就听到许多农民起义的故事，对苦难的农民抱有同情心。特别是他亲身经历了清军与太平军在梅州的战斗，看到战争的残酷、清军的骄横和起义军的英姿，这在他幼小的心灵产生很大的振动。他作《拔自贼中述所闻》四首，描述所见太平军的情况："红巾系我腰，绿纱裹我头。男儿重横行，阿嫂汝莫愁。朝倾百斛酒，暮饱千头羊。时时赌博簺，夜夜迎新娘。今日阿哥妻，明日旁人可。但付一马驮，何用分汝我。四更起开门，月黑阴云堆。几时踏杀羊，老虎来不来？"黄遵宪又作《古从军乐》七首，描述在嘉应所见清军的情景："男儿为名利，敢以身殉贼。东南有穷寇，兵氛幸未息。腰间三尺刀，一日三拂拭。欲行语耶嬢，耶嬢色如墨。去矣上马去，笑看黄金勒。"

同治四年（1865）十一月间，黄遵宪全家三十口乘舟离乡避祸，黄遵宪有诗八首——《乙丑十一月避乱大埔三河虚》记录了太平军两次进入嘉应所带来的战乱：

六月中兴洗甲兵，金陵王气复昇平。岂知困兽犹能斗，尚有群蛙乱跳鸣。一面竟开逭寇网，三边不筑受降城。细民坚壁知何益，翘首同瞻大帅旌。

南风不竞死声多，生不逢辰可若何！人尽流离呼伯叔，时方灾难又干戈。诸公竟以邻为壑，一夜喧呼贼渡河。闻说牙璋师四起，将军翻用老廉颇。

星斗无光夜色寒，一军惊拥将登坛。争功士聚沙中语，遇敌师从壁上观。谁敢倚公为砥柱，可怜报国只心肝。东南一局全输却，当局翻成袖手看。

七年创痛记分明，无数沙虫殉一城。逐鹿狂奔成铤走，伤禽心怯又弦惊。爷娘弟妹牵衣语，南北东西何处行？一叶小舟三十口，流离虎穴脱馀生。

同治五年（1866）二月，战乱结束后，黄遵宪乘船回到嘉应，发现黄家被兵所毁，房屋被烧掉三分之一，财物被劫掠，经济损失很大，于是作《乱后归家》四首，其一描述了一家人既欢乐又心有余悸的心情：

遂有还家乐，跳梁贼尽平。举家开笑口，一棹出江城。儿女团圞坐，风波自在行。惊魂犹未定，夜半莫呼兵。

黄遵庚、黄干甫《黄遵宪生平事迹》记："是年十二月，清军克复嘉应州城。翌年，遵宪偕同全家，由潮州返嘉应州。江山如故，家境全非，他家经过两次兵灾，使累叶丰饶、生活优裕的家庭骤然贫落下去。"经过两次战乱，战火的破坏使黄家骤以贫薄，家道中落。黄遵宪先姚吴夫人墓志："吾家累叶丰饶，自己未、乙丑两经兵乱，骤以贫薄。"黄遵宪爱书，喜欢购书，由于经济不宽裕，时有遗憾，乃作诗三首寄怀：

古人爱后人，念无相饷遗。白头老著书，心传后人知。古人不并世，已恨我生迟。犹赖一卷书，日与古人稽。我生最爱此，旁人呼为痴。明知难遍读，虽多亦奚为。但念如良友，不可须臾离。见虽无多言，别当长相思。

我家梅水东，亦有屋三椽。分为东西头，藏书于其间。少小不知爱，悔不读十年。中间劫火焚，字字成云烟。今日欲买书，又恨囊无钱。有如嗜酒人，无福居酒泉。道旁逢軿车，辄复口流涎。流涎终不得，默默我自怜。凡物当其无，乃知事艰难。

一切身外物，皆非我生有。我意招之来，偶然入我手。未必贤子孙，世世能相守。二百三百年，得此岂甲寿。但念我竟痴，爱书如爱友。我年若满百，亦共周旋久。此中有因缘，不得谓之偶。所以我买书，市廛竟日走。交臂或忽失，无心或又取。

残酷的经历使黄遵宪深刻认识到政治腐败对社会造成的严重破坏，他开始痛恨腐败，同情劳动人民。同治九年（1870）岁暮，黄遵宪在家作诗二首，描写穷人的窘迫：

催租人乍敲门去，问债人还载酒过。妻要赎衣儿索饼，一贫百事负心多。

岁又将阑奈尔何，一年好景半销磨。纸窗竹屋孤灯坐，寒雨梅花蜡屐过。客懒几回无语□，家贫百事负心多。仰天大笑搴衣起，且读《南山种豆歌》。

光绪二年（1876）五月，适逢福建大水灾，《福建通志》载："光绪二年，五月十六日起，省会连日大雨如注。至十九日，上游山水涨发，由水口直冲洪山桥。西门一带低洼之处，不逾时间，水已没顶。其余城中街衢，水深三五尺至八九尺不等。"黄遵宪看了一些记载福建水灾的材料，写下《福州大水行同张樵野丈荫桓龚蔼人丈易图作》，描述灾民的惨状，非常动人，极得张、龚两公赞赏：

黑风吹海海夜立，倏忽平底生波涛。囊沙拥水门急闭，飞浪已越城墙高。漂庐拔木无万数，安得江捷淮阳包。众头攒动乍出没，欲葬无椁栖无巢。攀崖缘壁幸脱死，饥肠雷吼鸣嗷嗷。中丞视民犹己溺，急起冒突挥露桡。鸱鹗毁室商救子，鱼鳖满城资渡桥。况闻移粟苏喘息，自雍及绛来千艘。流离琐尾得安宅，无复登屋声三号。天灾流行国代有，难得官长劳民劳。海疆东南正多事，水从西来纷童谣。曲突徙薪广恩泽，愿亟靖海安天骄。

正是对贪官污吏的痛恨和对下层穷苦人民的同情，使黄遵宪的廉洁思想开始萌芽。

3. 日本、西方资产阶级廉洁思想对黄遵宪的影响

黄遵宪于光绪二年（1876）应顺天乡试中举后，恰值清廷任命何如璋为驻日钦差大臣，黄遵宪与何如璋为客籍同乡，黄的父亲与何如璋为世交，过从甚密。何早就听闻黄遵宪通晓时务，因而邀之同行。黄遵宪从此踏上新的人生旅途，开始了他那历时十四五年，足迹遍及日本、美国、英国、新加坡等国的外交生涯。作为参赞，在外交方面，黄遵宪积极给何如璋出谋划策，替其草拟奏折并上书李鸿章和总理衙门，在使馆中发挥了非常重要的作用。于是，黄遵宪成了何如璋的得力助手。

明治维新后，黄遵宪看到日本开议院，实现三权分立，制定法律，以制度反腐，效果明显，就下决心把这些经验引入中国。《日本杂事诗》便是黄遵宪任驻日参赞的最初两年内对日本社会进行认真考察和系统研究的产物。该书起草于光绪四年（1878）秋，四易其稿，于次年春誊清，并交由北京同文馆出版。《日本杂事诗》涉及的范围极为广泛，它对日本的历史和现状，即从纵、横的角度对日本社会进行了较全面的考察与研究。从纵的方面来看，《日本杂事诗》对日本的社会发展史、汉学史、西学史、中日关系史、西日（西方国家与日本）关系史等方面都有所涉及；从横的方面来看，《日本杂事诗》对日本的地理天文、民情风俗、音乐舞蹈、医

学、农业、工业、商业，特别是日本经由明治维新后在政治、经济、军事和文化教育等方面发生的变化，皆作了概要的叙述和介绍。可以说是中国人较全面地研究日本和有系统地介绍日本的一部不可多得的著作。黄遵宪试图以明治维新的成功经验来刺激国人变革图强的思想倾向，这是他写作《日本杂事诗》的指导思想。通过考察日本社会在明治维新后发生的积极变化，让国人意识到中国也必须变法图强。黄遵宪后来在《日本杂事诗》基础上撰写了《日本国志》，成为近代中国人全面了解和广泛研究日本，特别是明治维新的巨著。

光绪八年（1882）春，黄遵宪不再担任日本使馆参赞，奉命前往美国旧金山出任总领事，由日本乘轮船横渡太平洋至新大陆。三月二十六日，黄遵宪抵达美国旧金山。《萨克拉门托每日联合新闻》（*Sacramento Daily Record - Union*）以《中国总领事》为题报道："旧金山，3月26日——新任中华总领事黄遵宪（原文写作 Wong Jim Him）乘坐东京号（City of To-kio）从中国/日本出发，今天抵达旧金山。他接替了陈树棠，后者将乘坐东京号回国。黄遵宪大约35岁，面露智力高超之相，谈吐谦恭，举止优雅，之于其职位表现得体。在过去的四年，他驻在横滨担任中国驻日公使馆参赞。他此番从横滨至今抵埠，从他四年前出任使馆参赞后，迄今再未回家。当然，他可以代表当局表态中国政府不反对在其赴旧金山上任途中美国国会两院通过的华人法案。他表示该法案已经得到了批准。他的领事证书一旦从华盛顿的公使那里到来就可以马上展开工作，这大约需要一周的时间。"作为清朝驻旧金山总领事，黄遵宪到任后，立即开展抵制排华运动、保护华侨的工作。黄遵宪在与美国种族主义势力依法争讼，据约辩驳，力争国权，保护华人在美正当权益的同时，亦以研究美国华人社会、治理华人会馆为己任。在他看来，总领事一职，即是朝廷派驻海外的"父母官"，理应起到保护所在地百姓、使海外华人社会安定繁荣、尽量减少海外华人所受不平等待遇和洗去身上耻辱的作用。这种"父母官"的责任感，使黄遵宪在努力抵制种族主义势力的排华暴行的同时，亦能做到忠实地为美国华侨谋福利，替旅美侨胞做了不少有益的工作。考虑到华人正处美国排华浪潮到来之际，而华人会馆和堂口众多却极为分散，遇事亦多不便且易生矛盾，黄遵宪平日除积极调解各会馆和堂口之间的矛盾外，还力促华人会馆合并，组成统一的中华总会馆，联合华人在美的力量，抵御种族主义势力对华人的攻击和骚乱。公务之余，他也研究美国社会，发现美国社会善于利用法律治国，特别是以法制手段治理腐败。

黄遵宪于光绪十一年（1885）秋由旧金山返国，随即闭门谢客，静心撰写《日本国志》，并结合在美国接受的新思想新观念，将其写进《日本国志》。前后费了八九年的时间，参考的书籍达二百多种，终于在光绪十三年（1887）五月完成了这部包括十二类四十卷、多达五十万字的鸿篇巨著。光绪二十一年（1895）《日本国志》正式出版面世。

《日本国志》是以"通志"体裁写成的历史书，全书分十二志：国统志、邻交志、天文志、地理志、职官志、食货志、兵志、刑法志、礼俗志、物产志、工艺志。共四十卷，五十万字，卷首附《中东年表》，是为近代中国人编著的第一部综合性介绍日本的大型志书。该书初版面世，正值甲午战败，《马关条约》签订，中国陷入严重的民族危机之际。堂堂天朝大国竟被东瀛蕞尔小国所败，为适应士大夫、知识分子了解日本的需要，《日本国志》在戊戌前后的短短几年里曾多次重印、翻刻和辗转传抄。该书在当时的知识界产生过重大影响，这是因为它向中国人揭示了明治维新的变法改革是日本打败清朝的真正原因。

（二）黄遵宪廉洁作风的体现

黄遵宪廉洁作风主要包括三方面的内容：批评贪官污吏；主张权力制衡，以制度反腐；高薪养廉。

1. 批评贪官污吏，同情劳动人民

同治五年（1866），黄遵宪作《邻妇叹》，描述邻妇的悲惨生活，控诉官吏的逼促：

寒霜凄凄风肃肃，邻妇隔墙抱头哭。饥寒将奈卒岁何，哭声呜呜往以复。典衣昨得三百钱，不堪官吏相逼促。纷纷虎狼来上门，手执官符如火速。哀鸣不敢强欢笑，笑呼阿兄呼阿叔。只鸡杯酒供一饭，断绝老翁三日粥。虎狼醉饱求无已，持刀更剜心头肉。自从今年水厄来，空仓只有数斗谷。长男远鬻少女嫁，剖钱见血血漉漉。官吏时时索私囊，私囊不许一钱蓄。小人何能敢负租，而今更无男可鬻。明日催租人又来，眼见老翁趋入狱。呜呼！眼见老翁趋入狱，遥闻长官高堂上，红灯绿酒欢未足。

　　光绪八年（1882）《排华法案》颁布后，美国加州议会通过"方尺空气"法例，规定每人卧室须有五百立方呎的空气，违者罚款或监禁。美吏常以此为借口关押中国劳工，黄遵宪闻知，亲到监狱实地丈量面积，责问监狱是否比华人住所更不卫生和更加拥挤，美吏不得不释放在押中国劳工。当时确实普遍存在许多华人因住房狭窄被拘禁和罚款的事实，时称"拉房"。诸如《旧金山纪事报》（*San Francisco Chronicle*）1885 年 8 月 7 日第 3 版《旧金山快讯》（*Jottings about Town*）就讲述了十个中国人因居住过密被捕的新闻。司徒美堂谈到美吏的"拉房"及黄遵宪设法保护华侨时说："因为'拉房'，华侨常常要从窗口跑掉；有不少人就这样跌死了。被拉走的人，最初只有用钱赎。后来，华侨就联合起来抵抗。当美吏夜里拉人时，黄公度没有别的办法，就告诉各堂负责人说：拉走的人们，要保留他们的职业，不要开除他们。这批被拉走的人，因为出狱后工作仍有保障，不致失业就不再花钱赎自由；对'拉房'采取了消极抵抗的办法，要拉就拉，要关就关，反正不给钱，弄得美国流氓当局毫无办法。"黄遵宪保护华侨，引起了美国人不满。一次黄遵宪与傅烈祕（一说是旧金山领事，施吉瑞说是中华会馆的律师）到海关接华船，"有工人群集，一人出一手枪指余辈云，如敢引华人入境，当以此相赠。君手摸靴中铳，复笑谓之云，汝敢否？"黄遵宪有感而赋五古长诗《逐客篇》，描述了美国华人的悲惨处境，希望能够改变这种现象。

　　2. 主张权力制衡，以制度反腐
　　黄遵宪担任三年多的旧金山总领事，通过考察和研究美国的社会政治制度，他认为：西方资本主义社会是一个法治的社会，要实现廉洁政治，就首先必须实行法治。从此以后，黄遵宪牢固地树立了以法治国和建立三权分立政体的改革观念，这对他日后积极投身变法维新、提倡以法治国的思想形成有直接的影响。

在任旧金山总领事期间，黄遵宪就开始实行以制度防止腐败的措施，如整顿华人会馆，替各会馆拟订章程，责成各会馆董事按章程秉公办事。黄遵宪向华人会馆会员解释说：章程即是法律，会馆办事绅董，必须依法行事，方能服众。而会馆即如西方的国家，必须依靠法治，才能完善管理。为此，黄遵宪还经常教育会馆董事必须为华侨办事。如资送贫病老民，延聘律师，拿办凶犯等。此外，他又责成会馆董事必须将收支账目公开，避免侵吞亏空之弊。

光绪二十二年（1896）《时务报》开办的时候，黄遵宪强调要照章办事，坚持在报馆内设置董事，实行议政、行政分开，规定"所有办事条款规，应由总董议定，交馆中照行"。梁启超记："当开办之始，公度恐穰卿应酬太繁，（盖穰卿宗旨谓必须吃花酒，乃能广通声气，故每日常有半日在应酬中，一面吃酒，一面办事。）不能兼办全局之事，因推铁樵（名樵，四川人，季清先生之子，去年已即世矣）为坐办。时铁樵方由蜀至湘，公度屡函电促之。又开办时所出公启内办事规条第九款云：本报除任报馆办事各人外，另举总董四人，所有办事条规，应由总董拟定，交馆中照行云云。自丙申秋至丁酉夏，公度屡申此议，谓当举总董。以此两事之故，穰卿深衔公度，在沪日日向同人诋排之，日遍腾书各省同志，攻击无所不至，以至各同志中，有生平极敬公度，转而为极恶公度者。至去年八月，公度赴湘任，道经上海，因力持董事之议，几于翻脸，始勉强举数人；然此后遇事，未尝一公商如故也。"[①] 可见黄遵宪对《时务报》的创办确是颇费心机，通过制定章程实行法治，要求报馆必须遵循立宪政治的原则，实行议政、行政分离，从中亦可看出黄氏的变法思想注重立法和三权分立的

---

① 丁文江、赵丰田编：《梁启超年谱长编》，上海人民出版社1983年版，第96页。

特色。

　　介绍西方国家的法治观念是《日本国志》的重要内容。黄遵宪在书中指出：中国是一个重道德而轻法律的社会，和法律的条文相比，道德的规范更加有效，这实际上是用人治代替法治，表明中国是一个落后的社会。而欧洲国家恰恰相反，法律是治国保家的工具，具有至高无上的地位和权威性。原因何在？皆由于其国"民智日开，各思所以保其权利"。黄遵宪进一步解释法律的作用，一方面是有效地保护每个公民的基本人权，另一方面则是为了限制个人权力的滥用。于是，黄遵宪将西方国家的立法精神概括为"权限"两字，这表明他对西方资产阶级政治学的理解具有相当的深度，因为约翰·密尔的《论自由》一书，其中心思想就是阐释"权限"两字。

　　戊戌变法期间，黄遵宪与汪康年、梁启超在上海创办《时务报》，他力主用西方国家民主共和国的法治原则管理报馆，主张制定馆中章程（立法），实行法治。在湖南变法中，黄遵宪主持保卫局，他亲拟《保卫局章程》四十四条，规定局中无论何人，必须按章程行事，否则依法惩处，表现出其很强的法治观念，这些都可以说是黄遵宪在《日本国志》中的法治思想的具体实践。

　　廉洁政治的主体是官吏，所以黄遵宪也提出，改革官制是廉洁政治的重要保障。黄遵宪对日本明治初期官制改革情形进行了深入考察，他指出："维新以来，设官分职，废置纷纭，若各官省所隶之局，因革损益，随时变更，尤不可胜载。"他认识到官制改革是政体改革的重点，也是经济、军事、文教等制度改革的基础，因而对此特别加以留意，"其仿照西法、为旧制所无者，特加详焉"。《日本国志·国统志》《日本国志·职官志》就详细记述了明治维新后日本仿效西法进行官制改革的情形，尤其对明治十四年（1881）设置的官制，如元老院、外务省、内务省、陆军省、海军省、文部省、农商务省、司法省、宫内省、警视厅等，分条罗列，详考其沿革建制、职能权限、组织成员等情况，并加以评述，目的就是为中国的改革提供参照体系。

　　开设议院是日本权力制衡的主要方法。黄遵宪对日本的自由民权运动给予了极大关注，深入地考察了其兴起缘由和发展过程，在《日本国志》中以很大篇幅从不同侧面作了评述。何谓立宪政体？黄遵宪认为："立宪政体，盖谓仿泰西制，设立国法，使官民上下分权立限，同受治于法律中也。"《日本国志·国统志三》介绍了自由民权运动的出现，"明治七年（1874）一月，前参议副岛种臣等连署上表，请起民撰议院"。同时进一步解释说："谓仿泰西制立议院，撰地方民人之贤者俾议政事，以分官权也。其时大学头加藤宏之投书驳论，以为民智未开，计时未可。后两议聚讼哓哓，争哄日盛一日。"《日本国志·职官志二》又记述了当时关于开设民选议院的争论，"副岛、板垣之请起民撰议院也，谓'方今政权，上不在帝室，下不在人民，而独归于有司'。此论一倡，众口嚣嚣，群欲仿西法以开国会"。此后，日本不同政治派别在建立立宪政体的问题上发生了持久而激烈的争论，"十年以来，朝野上下，之二说者，纷纭各执，即主开国会之说，为迟为速，彼此互争；或英或德，又彼此互争。喧哗嚣竟，哓哓未已。而朝廷之下诏，已以渐建立宪政体许之民，论其究竟，不敢知矣"。明治八年（1875）六月，日本召开了第一届地方官会议，通过了以区、户长会为府县会的法案。在自由民权运动的推动下，设立地方议会的呼声日高，明治十一年（1878）四月，第二届地方官会议召开，讨论了《府县会规则》《郡区町村编制法》《地方税规则》，后由元老院通过，由此初步确立了地方自治的法律制度框架。黄遵宪在《日本国志·职官志二》中对此作了评述，他从明治十二年（1879）府县会议事录中发现日本的府县会议制度还存在着诸多不足，如其权限受内务省制约，其所议专在征税筹款并非完全政从民出，他甚至指斥议会为"设法之至巧"的"霸者之道"，对其不足之处予以批判。但从总体上看，黄遵宪对这一新制度仍表现出极大的热情，肯定"府县会议之制仿于泰西，以公国是而伸民权，意甚美也"。认为府县会议是实行地方自治的有效途径，为立宪政体的建立奠定了坚实基础。黄遵宪坚信立宪政体代替封建专制符合历史的发展潮流，因此他满怀信心地预测日本"十年之间，必又开国会也"。

明治政府的警察制度是仿效欧美体制建立起来的。黄遵宪在《日本国志·职官志》中对日本警察制度的机构设置、职能权限作了具体的考察，指出"凡警察职务，在保护人民，一去害，二卫生，三检非违，四索罪犯"。他对中国的保甲制度和欧美的警察制度作了比较，认为警察制度是欧美国家行政制度的重要组成部分，其作用在国家管理中是巨大的。"余考欧洲警察之制，大抵每一万户则设一分署，一分署有警察数十人。其在通都大邑、广衢要路，则持棍而立者远近相望，呼应相接，是故国家出一政、布一令，则警察吏奉命而行，极之至纤至悉无不到。人民犯一法、触一禁，则警察吏伺其踪、察其迹，使不得或逃法网。地方有阙失，风俗有败坏，则警察吏指摘其失，匡救其恶而整理之。盖宣上德意以下行，察民过失以上闻，皆警察吏之是赖。"他甚至认为欧美国家之所以人民和乐、令行政举、秩序井然，全赖警察制度之功，由此提出："然则有国家者欲治国安人，其必自警察始矣！"可以说，黄遵宪是中国近代史上第一个对欧美和日本的警察制度进行过深入考察研究的人，其远大的眼光和卓越的见解，在当时没有人能和他相提并论。后来他在湖南新政中之所以精心措意于创设保卫局，其思想渊源其实就是由此而来的。

明治政府的法制改革也以西方资本主义国家为模式。关于日本法制改革的情况，黄遵宪介绍道："近年王政维新，复设刑部省，明治三年（1870）十二月乃采用明律，颁行《新律纲领》一书……明治八年（1875）五月，改设大审院、诸裁判所，其职务、事务、章程，及颁发《控诉规则》《上告规则》，乃稍稍参用西律。明治十年（1877）二月又有更改，自外交条约称'泰西流寓商民均归领事官管辖'，日本欲依通例改归地方官，而泰西各国咸谓日本法律不完不备，其笞杖斩杀之刑不足以治外人，于是日本政府遂一意改用西律，敕元老院依拟佛律，略参国制，以纂定诸律。至明治十四年（1881）二月，遂告成颁行，曰《治罪法》，曰《刑法》。"黄遵宪在《日本国志》中还专门开辟有五卷篇幅之长的"刑法志"，将《治罪法》480 条法律条文和《刑法》430 条法律条文全部翻译成中文，对不易理解的法律名词和法律条文作了注释。在翻译中，黄遵宪采用"拿来主义"的方式，删除原文中有假名的名词或术语里的假名，并对一些字词按照中文的表述习惯重新加以调整，剩余的都是"照搬照抄"。至于日本仿照法国制定的《治罪法》和《刑法》，黄遵宪将两者进行翻译和注释，从而向国人系统地介绍了大陆法系的法律原理和法律知识。比如，"公诉"与"私诉"是近代法律诉讼的两种基本形式，他指出："公诉以证明罪犯依律处刑为主。检察官按律分别行之。"同时，黄遵宪在注文中对"公诉"一词作了进一步解释："谓犯罪者亏损公益、扰乱治道，则检察官自为公众原告人，以护公益、保治道，故曰公诉。公诉者自告发裁判所而言。"在这里，所谓"私诉""公诉"是相对应而言的。"私诉以赔偿损害、归还赃物为主。为照依民法听被害者自便。"两者的区别在于"谓罪质有止害公益扰治道、不系私益者，若谋反谋叛、伪造宝货是已。有公私俱害者，若斗杀伤、强窃盗是已。至私诉原系民事，要偿与不要偿，应听被害者自主，故与公诉求刑者有殊。赔偿、归还，谓欠债者须赔偿，失物者须归还也"。再比如，罪刑法定原则是近代刑法的基本原则之一，黄遵宪在《日本国志·刑法志一》中介绍说："法律无正条，虽所为有不合者，不得遽行其罚。"他还进一步解释说："刑法为一国公法，官民所共守，未有正条而遽罚之，似为非理。然而旧法条例未备，不得不别设不应为一律，以备临时拟议。新法既删此条，并明示此语，所以防滥纵也。"黄遵宪之所以特别重视法治，显然与他对日本明治维新的实地考察以及对欧美政治制度和法律制度的亲身体验有密切关系。黄遵宪把东西方的社会制度和历史进行比较研究，认为中国是一个重道德轻法律的社会，而欧美各国则不同，法律具有至高无上的地位。"泰西论者专重刑法，谓民智日开，各思所以保其权利，则讼狱不得不滋，法令不得不密，其崇尚刑法以为治国保家之具，尊之乃若圣经贤传。然同一法律，而中西立论相背驰至于如此者，一穷其本，一究其用，故也。"这说明，欧美资本主义国家遵循三权分立、权力制衡原则，以法立国。"上有所偏重，则分权于下以轻之，彼有所独轻，则立限于此以重之，务使上下彼此权衡悉平，毫无畸轻畸重之弊。"只有在这样的制度下，才能保障个人的"权限"，才能实行"以法治国"。"余闻泰西人好论'权限'二字,今读西人法律诸书,见其反复推阐,亦不外所谓'权限'者。人无论尊卑,事无论大小,悉予之以权,以使之无抑,复立之限,以使之无纵,胥全国上下同受治于法律之中,举所谓正名定分、息争弭患,一以法行之。余观欧美大小诸国,无论君主、君民共主,一言以蔽之曰:以法治国而已矣。"在中国传统社会里,法律不过是专制制度的附庸,权力支配法律,法律维护君权,君权凌驾于法律之上。显然,黄遵宪对"以法治国"的理解,是以欧美国家的政治制度和法治理念为参照系的,深受当时风靡日本思想界的孟德斯鸠、卢梭、穆勒等人思想学说的影响。从更深层的意义上看,他对"三权分立"和"以法治国"的推崇,隐含着对中国传统法治思想的批判。

皮锡瑞评论说:"《日本国志》阅一过,其以为中国取民太轻,而又无制,故国用不足,中饱私囊,每年又不定为出入之计,昭示中外,盖便污吏之欲壑,小民亦以此不信其上,莫肯出钱奉公。此等议论极通达,非迂儒所知。公度著此书时,尚以为倭人尽学西法非计,云流出金钱甚伙,所行新政,得不偿失,今乃富强如此,岂亦迟久乃有效耶?明治改元,今三十年,《志》并未言其主英武,似倭之强,非尽由其君所致。而其创议变法者,西乡隆盛以叛诛,大久保利通被刺,其能一变致富强者何人,岂皆井上馨、伊藤博文之力耶?他日见公度将询之。"

3. 高薪养廉思想

在黄遵宪担任外交官的时候,朝廷给驻外外交官员的俸禄丰厚,这使他们的工作热情很高,而且很廉洁。光绪七年(1881)十一月十二日,有前在美国之华商三名复来者,入境时受阻,黄遵宪代为控辩。十六日,黄遵宪缮具禀文,向郑钦使详细汇报巴拿马华商案后华人入境是否需要护照的不同情形,禀文中谈及外交官员优厚的待遇,"每月薪水按五百两库平支报,优遇之隆,有逾常格"。他认为,正是因为每月五百元的薪水,才使得驻外官员廉洁奉公,努力工作。所以,他在回国后,主张采取高薪养廉方法来防止腐败。例如,开办《时务报》的时候,报馆聘请梁启超为主笔,发的聘金是每月一百元,当时一个普通职员的月工资是十五元。在湖南开办保卫局时，也给保卫局的管理人员和员工制定了远高于其他岗位的工资。

（三）严于律己，为官廉洁

黄遵宪一生为官时间近二十年，官至二品，位高权重。他一生严于律己，为官廉洁。

1. 严于律己，一介不取

黄遵宪在任驻英使馆参赞的时候，负责张之洞在广东、湖北所建立的工厂设备的采购，包括钢铁厂、织布厂，设备价值七十万英镑，黄遵宪从谈判、购买到运输回国，全程负责。在这过程中，黄遵宪彻底改变清政府官员贪腐的形象，严于律己，一介不取，张之洞非常满意，英国厂商也很佩服。

湘绅热心于修建湘粤铁路，集股开办湘粤铁路公司，皆寄望于黄遵宪，实寄黄遵宪招粤商财力，因粤商财大气粗，而湘人人才多多，都期望以粤财与湘才之结合。光绪二十一年（1895）十二月四日，皮锡瑞在日记中谈到湘粤铁路筹建时说："谭复生、汪颂年来，询谭（嗣同）铁路事如何，云右帅已电咨香帅，彼已可以销差，其如何办法，看右帅与公度商酌。予云事蹈空，恐情见势绌，外夷又将生心，彼云既已电奏，或可杜其觊觎，惟中国事非一时能办，湖南不筹款，惟恃粤人耳……蒋少穆来，云香帅四日尚未回电，恐盛杏荪作梗，予谓即不作梗，事亦难行……湘、鄂无款可筹，粤人未必能独筹巨款，若盛作梗，不归公度办，则粤人更不肯出资矣。"可见湘绅于黄遵宪筹建粤汉铁路之期望。梁启超曾对比戊戌前后湖南、广东情形："中国人工作之勤，工价之廉，而善于经商，久为西人所侧目，他日黄种之能与白种抗衡者，殆恃此也。然于中国人之中，具此美质者，亦惟广东人为最，又其人言语与他省不同，凡经商于外国者，乡谊甚笃，联合之力甚大。"可见当时湖南维新派的使命感和危机感非常强烈。

同年十二月八日，张之洞电复陈宝箴，就湘绅举黄遵宪总办粤汉铁路之条件提出看法，谓：

湘绅呈请创立湘粤铁路公司，集股开办，公举黄道总办，具见湘绅卓识远虑。台端提倡宏力，欣慰之甚。惟湘绅尚未悉铁路甘苦曲折，朝廷于铁路一举，招商、借债绝不担肩，蒋德钧面奉邸谕：须自行筹款，乃可议准。去年设立总公司，总署原奏芦汉、粤汉南北干路合为一气，领帑千万，集股千万，余借洋债，陆续分还，互相挹注。现今芦汉以部款千万、官股三百万为底本，并借洋债四百万镑，由总公司订约，国家仅批准而不肯担保，各国以为难，比人利其制造始首肯。粤汉大约亦需将及三千万，拟集商股七百万为底本，余借洋债。总公司现招粤、沪各商，闻已得四百余万，订定而未收。湘中集股尚无约数，粤商亦尚无着落，窃恐粤商股亦必请另设一总。粤商力厚，未必肯附入湘商，而鄂中武昌以南一段亦未言及，似须将粤汉路程起讫，商股大约数目，洋债如何筹措、如何议还，议有大概主意，始能陈奏。大抵粤汉总办若能独任华股七百万，并担当洋债二千余万，自可另树一帜。否则，应由湘、粤、鄂三省各举一总办，仍照总署奏准原案不脱总公司，方无窒碍，事亦轻而易举。总之，权可分，利可共，章程不可不贯通，纲领亦不可不画一。各省路权尽可各省分任，路利必须公溥均沾。而造路之本资、借款抵押之办法、通行之章程，必须芦汉、粤汉一大干路合为一气。递招递垫、递修递押、递借递招，辗转相生，则此三千万之路，有股数百万，即可一气衔接腾挪，辘轳周转，以底于成。不惟如此方与奏案相符，且非此必办不成也。昨与盛京堂熟商，大致似须如此，爵堂方伯意见亦同。如尊意谓然，请速嘱熊庶常、蒋观察来鄂，面商妥贴再会奏。

同年八月十八日，黄遵宪致函王秉恩，谈及洋务局诸事务，函中云耶松厂银两事，当在光绪二十一年（1895）。函谓：

日来想一切复元矣。本欲趋访，又恐贤劳鲜暇，今有应商数事奉渎，谨举如左：鄂工局经费，今拟开折报消一次。弟前次赴鄂，来往盘费，并内留两月支用各款，共贰百余两，当时未奉札文，自不应照章支领，拟约略开报一百二十两或一百两，以冀稍为减累。是否可行，敬乞示遵。

九月十五日前，黄遵宪致函陆元鼎（函中□为原札文字污损，无法识别）：

春江仁兄廉访大人执事：昨以星夜入吴，匆匆修谒，立谈俄顷，未布所怀，甚为歉仄。抵沪后，奉电示询弟分薪水汇寄何处，译诵之馀，且感且愧。弟既未襄办苏州商务，实未便再领薪水。半年以来，两地驰驱，新议各条，承中丞电告，总署许以深合机宜，而彼族已允复翻，岂言无施，方且上惭大宪，下愧同寮，又益以虚糜廪禄，更□人无地自容，苟以循照局章，谓应行支领，第实未敢拜受。若特出于中丞厚意，敬求阁下喜为婉辞；万一辞不获已，责以厚恩九百之粟，则力却转近□矫廉。一俟颁发到日，自当缮领缴呈备案。

委员李君宝濂已承电及，即令缮具墨领寄呈。该项如不便汇寄，请函告上海道署划支送来，准可□收。准于初九十日坿'海晏'北上，知念并及。手泐布复，即请 勋安，惟鉴不宣。教弟期黄遵宪顿首八月□。

光绪二十二年（1896）七月二十日，黄遵宪致函汪康年，为推荐亲兵王林到报馆道歉：

荐兵役入报馆，易武为文，所习非所用，此弟之误也。实甫来函亦称其人止可充亲兵云。既不堪用，便可驱逐。前在伦敦用一女仆，洒扫应对，饮食浣濯，以一身兼数人之役。奴亦不如，何论其它。言及此，为之三叹！穰卿同年兄 宪顿首十日 卓如病势似不轻，得汗自佳。然热病以通大便为第一要义，可服西人泻药。此事问赵君。穰卿幸善为调护，有疑幸见告。又及。

2. 全心全意为华侨服务

光绪十七年（1891）八月底，黄遵宪离开英国到新加坡赴任。在十一月一日抵达新加坡后，十日发表下车文告，正式就任总领事，立即考察南洋各岛情况，调查了解华侨的生活状况，并开展改善侨胞待遇的工作。当时，有一些华侨在南洋各岛从商，经多年努力攒积了点财产，可是却在当地恶棍流氓和英殖民地贪腐官员互相勾结下，"或诬为贩卖猪仔者，或诬为曾犯奸盗者，对其勒索敲诈"。黄遵宪知道这种情况以后，不仅与殖民地政府进行交涉，而且还下令要求总督施密司，将《大清律例》中有关财产各条例译成英文抄出，在白蜡、石兰莪等华侨聚居的地方，交各处承审官遵办，以保护华侨的财产。黄遵宪这一在帝国主义的殖民地内采用中国法律保护华人的创举，在当时是绝无仅有的。

黄遵宪在新加坡总领事任内另一大政绩就是奏开海禁及严禁虐待归侨。在康熙年间，鉴于清初郑成功占据台湾抵抗清朝统治的教训，为防止饥寒交迫的内地人民与海外华人联合反清，清朝统治者下令禁止南洋贸易，割断内地人民与海外华侨的联系，于康熙五十六年（1717）发布禁海条例，禁止汉人出外贸易，居留外国。这就使得出洋谋生的侨民无法回国，这种状况一直到19世纪后半叶，清政府才逐渐放宽海禁，但仍然没有明确下令撤销海禁令，故而造成国内部分贪官劣坤打着"禁海令"的旗号勒索归侨。因此，南洋的闽籍侨民有家却不能回，难免伤心惆怅。有鉴于此，黄遵宪就向薛福成上书，建议放开海禁，保护归侨。"并咨请闽粤总督出示严禁虐待回籍之侨民，复照令沿海道府，转饬州县妥为保护，务使内地官长与外洋领事，息息相通，侨民之往来其间无冤抑无枉纵。"

经黄遵宪多方努力和薛福成公使的反复上奏，清政府终在光绪十九年（1893）九月十三日下谕"准华侨归国，并严禁唆扰勒索等弊"。施行近二百年的"禁海令"终于废止，海外华侨无一不感激黄遵宪。不少南洋学者认为，黄氏这一行为意味着中国政府第一次采取措施保护归侨，是其在总领事任内最值得称赞的政绩。

为了让归侨的出入更加安全方便，黄遵宪还创设了南洋华侨护照制度。他下令把旅居新加坡华人的姓名地址收集起来，统一登记造册，制成护照，发给将要回国的华侨，同时将这一制度尽量告知旅居南洋的闽籍人士。这一制度的创立，既有利于南洋华侨的出入往返，同时又有效地保护了华侨的生命财产安全和正当权益。然而，当地殖民地政府却无理干涉和指责黄遵宪保护华侨的举动，设立"华民政务司"专管华人往来一切事务，认为中国总领事越权。而且强调，凡是居住本地的华民，都要接受英国政府的管理与统治，不容许中国总领事从中干预。黄遵宪没有屈服，在当地广大侨胞的支持下，他与殖民地政府官员针锋相对，据理力争，援引国际公法中的有关规定——保护本国侨民为领事通常的职权之一，驳斥了对方的无理指责，保护了新加坡各属华侨的正当权益。

3. 捐赠个人收入服务社会

光绪二十一年（1895）九月，黄遵宪离开南京前往上海，当时康有为在上海创办强学会，黄遵宪报名参加。这是黄遵宪加入维新变法运动的开始。此后，这两位维新志士为了挽救中华民族的危亡，一起积极从事维新变法的种种活动。

同年十一月，以慈禧太后为首的顽固派下令封闭强学会，维新变法运动遭受挫折，暂处于低潮，朝野士大夫对新政避而不谈，部分维新人士产生了消极情绪。但是，黄遵宪却知难而进。他"愤学会之停散，谋再振之，亦以报馆为倡始"。上海强学会被迫关闭后，尚有余银一千二百两，是为《时务报》创办的第一笔基金。接着，黄遵宪又"自捐金一千元，为开办费"。正好强学会的另一位成员汪康年亦有办报的设想，二人相遇，谈及创办报社一事，意见相合。黄旋即又写信招邀梁启超，委梁担任《时务报》主笔，于是黄与汪康年、梁启超三人，日夜谋议办报事。他还与汪康年约法三章，规定办报的宗旨，指出："我辈办此事，当作为众人之事，不可作为一人之事，乃易有成；故吾所集款，不作为股份，不作为垫款，务期此事之成而已。"可见黄遵宪对创办《时务报》是抱有一片热情，表现出他对维新变法事业的无限忠诚，为实现其"志在变法，在民权"和借报纸以启发民众的抱负而努力不懈。

由于黄遵宪把办《时务报》看作自己从事变法事业之始，在开办之初，对筹款、用人、刊式、发布等具体事务无不一一过问，亲力亲为。针对汪康年提出的《时务报》的宗旨应"以广译西报为主",黄遵宪则认为《时务报》应有别于重在论学的《知新报》,应将重点放在论政,因"此报本意,原为当路诸人发聋振聩也"。关于如何管理报馆的问题,黄遵宪提出议政、行政实行分离、订立章程(即立法)和设立董事以分任其事的制度。他对汪康年说:"此馆既为公众所设,当如合众国政体,将议政(于馆中为董事)、行政(于馆中为理事)分为二事,方可持久。"并且他反复向汪康年解释订立馆中章程的重要性:"此馆章程,即是法律,西人所谓立宪政体,谓上下同受治于法律中也。章程不善,可以酌改,断不可视章程为若有若无之物……宪纵观东西洋各国,谓政体之善,在乎立法、行政歧分为二,窃意此馆当师其意。"

光绪二十年(1894)四月,黄遵宪为国内灾民捐助赈银。五月,晋边奇荒,黄遵宪为之劝赈。光绪二十一年(1895)十二月二十八日,黄遵宪因筹办晋边赈捐,暨查灾放赈出力而受嘉奖。"以筹办晋边赈捐,暨查灾放赈出力,分省补用道黄遵宪、福建候补道何成浩、户部郎中李士铭、山东平度州知州潘民表,传旨嘉奖,余议叙有差。"

五月九日,上海名士童鸥、居士李士棻因黄遵宪赠金而在《申报》发表《寄谢黄公度太守》诗,此诗乃是因黄遵宪托王韬赠金于李,李感而有作。诗序述之綦详:

三月中旬,偕王弢园兄游龙华寺,近寺一带,桃花尚有三分可观。适弢叟得公度由日本金山寄来一书,[①] 附十二金为寿。书尾有曰:忠州李芋仙先生,老名士也。闻其游沪不甚得意,请于十二金中划四金代交芋老,为一醉之资。虽素未谋面,而叹慕芋老已非一日,当不以唐突见却也。予乃细询公度之为人。——弢叟曰:其人多才而好善。惟其有才,所以爱重才人;惟其服善,所以愿交善士。予曰:仆游于名场凡五十年,遍交九州内外人士,投桃报李,无日无之。未有一面未睹,寄资助饮,雅如公度

---

① 黄遵宪此时早已离开日本,远赴美国,出任驻旧金山总领事。李氏不明就里,仍凭旧时印象为说。而此一错误,在同年夏日排印的李氏《天补楼行记》中已经改正过来。

105

者，得不乐斯陶陶斯？咏诗即不工，亦所以永好也。乃就僧窗脱稿，附发叟复书，达公度一览。他日江海相逢，乐于无着［著］、天亲，益见文字因缘，非寻常所能及已。

光绪二十九年（1903）五月十八日，岭东日报《潮嘉新闻》中以"兴筑学校"为题刊黄遵宪办学消息称：

嘉应黄公度京卿与各绅士议改城东东山书院为高等小学校，迭纪前报。该书院旧有黄孝廉骥仙倡捐修复之三堂，其左右皆荒地，刻拟扩充改建，务大其规模，文其程度，州人士咸相率以助其发达，已于本月十九日兴工修造矣。

在这次扩建过程中，黄遵宪也捐资 2 000 两。

光绪二十八年（1902）四月二十九日，《岭东日报》载嘉应学子东渡日本消息：

梅州人士今年赴日本游学者，已有温君静侯、梁君少慎、谢君良牧、饶君一梅，日昨由汕东渡。兹悉尚有杨君微五、黄君簧孙、黄君幼岑、李君竹琴等十余人，不日束装前往。黄杨三君，为黄公度京卿拨款派遣，余皆自备资斧云。

黄遵宪临终遗嘱家事后，并嘱伊弟采汀太守曰："州中学堂，办理未就，殊为抱憾，今乃藉弟实心接办。倘钱银不敷，先行支出，总期成立。克承兄志，九原之下，定当心感。"

（四）廉洁正直，名满天下

1. 黄遵宪得到朝廷从皇帝到大员的高度评价

光绪二十二年（1896）十一月二十日，黄遵宪被光绪皇帝召见。召见时，载湉问："泰西政治何以胜中国？"黄遵宪奏："泰西之强，悉由变法。臣在伦敦，闻父老言，百年以前，尚不如中华。"载湉初甚惊讶，旋笑颔之。《尤谱》也记载此事："奉特旨预备召见，盖异数也。召见时，上言泰西政治何以胜中国？先生答：'泰西之强，悉由变法。在伦敦闻父老言，百年以前，尚不如中华。'上初甚惊慌，旋笑颔之。"十一月二十五日，黄遵宪再次被光绪皇帝召见。

2. 华侨感恩黄遵宪

黄遵宪为了奖励南洋诸生努力学习中国文化，创立图南社，让其研究地方礼俗，了解时事政治，关心民事民瘼，这对于弘扬中华文化、推行圣道教育、振兴南洋文风、培养爱国爱乡精神等发挥了一定的积极作用。黄遵宪亦因此举与当地士人建立密切联系，及至光绪二十年（1894）底卸任归国之际，图南社诸生为感念其教育之恩，特制万民伞一柄，德政牌四面，馈赠黄遵宪，并撰文赞扬其："创设图南社，课以策论，慨捐廉俸，鼓舞人心"，将黄遵宪的功绩和在岭南潮州发展文教、推行圣道的韩愈相提并论，表达对黄遵宪卸任归国的无限怀念之情。

总的来说，黄遵宪在新加坡总领事任内，能够到侨民社区亲自考察侨民疾苦，努力推进改善侨胞待遇的工作。如提倡放开海禁，禁止虐待归侨；创设华侨护照制度，为南洋华侨的出入往返提供便利；以及大力发展华侨文化教育等，都是黄遵宪在新加坡总领事任内令人称赞的政绩。

光绪十一年（1885）六月，域多利中华会馆同仁闻知黄遵宪即将返国，乃厚赠隆仪。六月二十六日，黄锡铨致域多利中华会馆函有云："总领事拟于八月先行回国。承列公过爱，厚赠隆仪，俟收领后，当再伸谢。"①

八月二十九日，域多利侨胞感恩于黄遵宪关怀侨瘼，爱护备至，特致送万民伞及德政牌，以壮其行色，并志留念。三十日，黄遵宪回函域多利中华会馆。感谢侨胞之隆情，函曰：

---

① 李东海：《加拿大华侨史》，加拿大自由出版社1966年版，第154－155页。

敬覆者：昨阅贵会馆来函，知华人年税十元之例，既蒙枲司判断删除，实为众梓友欣幸。至抽收华工入口银五十元之例议，自加拿大议院彼国政府未尝不知此例之非宜，只欲平哥林比亚之土人之心，以保护我华商人等已在英属之利益，不得不出于此；较诸美国全行禁绝，又波累及于商人者，固有苛恕之别。此例纵华人有所不甘，然在域埠想无控驳之法，即诸君历试艰难，欲求土客之相安，谅亦不再行控诉矣。唯已在英属华商工人等，出口复来以何为妥当凭据，新来之华商学习游历传教人等，又以何为妥当凭据方不致混入工人，致遭抽税。此两层弟处未得闻悉，望诸公详考例文，预筹妥法，使行之可久而无弊，是为至要。弟因先慈葬期在迩，近已蒙使宪准予销差。兹定于八月十二日由金启程，昨承梁泽周兄递到尊处芳版，并蒙赐万民伞、德政牌，尊函所称更复揄扬过情，接诵之下，愧赧交集。弟屡自念远离贵埠，时存保护桑梓之心，而鞭长莫及，辄付诸莫可如何，乃既蒙谅其短拙，更复锡以多珍，璧返无由，祇得敬受。远荷高情，无以为报。近闻贵会馆将次第成功，兹特敬拟一联，由邮局付来，以志盛举，以表贺忱。如不以为草拙，悬诸楹前，如与诸君时相见于数万里海外，为幸多矣！另肃衔柬并鸣谢忱，摹壁谦版，统希察鉴。贵处一切情形，弟于两月前详悉。奉郑宪，复蒙郑公抄函转达曾侯矣。金山总领事系派欧阳锦堂前来署理，钧选弟则调署纽约领事。知念并及，行色匆匆，诸不多及。手肃即请列绅董暨同乡仁兄大人均安。惟均照不另。乡愚弟黄遵宪顿首。（光绪十一年）七月二十一日。①

函中提及黄遵宪为域多利中华会馆新馆址落成而撰之联曰："敦孝友睦姻任卹之六行；上和亲康乐平安为一书。"（楹联至今仍在，为梓木黑漆箔金式。）

3. 文人墨客、客家诗友对黄遵宪的评价

黄遵宪性行惇谨，孝悌为怀，公忠体国，治事缜密，擘画周详，无论

---

① 李东海：《加拿大华侨史》，加拿大自由出版社 1966 年版，第 154 - 155 页。

何事，皆能克尽厥职。平生不二色，不敛财，不信鬼神卜筮，不尚换帖结拜，及一切俗尚积习。自乱后家道中落，以己力所及，赡养祖父以下家族，凡十余年。于地方公益，闾里善举，尤悉力襄助。

黄遵宪博得维新派及朝野支持变法人士的高度评价。汪大燮称他为引导湖南开化的良师。皮锡瑞赞扬他为"槃槃大才"。"公在湖南，为国为民，殚忠竭智……古之遗爱，非公而谁。"徐致靖向光绪鼎力保荐，说黄遵宪"于各国政治之本原，无不穷究。器识远大，办事精细，其所言必求可行，其所行必求有效。近在湖南办理时务学堂、课吏馆、保卫局等事，规模宏远，成效已著"。徐致靖的评价，说明了黄遵宪是一位注重实践的政治改革家。

六、丘逢甲

　　丘逢甲（1864—1912），字仙根，又字吉甫，号蛰庵、仲阏、华严子，别署海东遗民、仓海君。祖籍广东嘉应州镇平县（今广东蕉岭），生于台湾苗栗县铜锣湾庄，是中国近代史上杰出的爱国志士、卓越的教育家和著名的诗人。他顺应历史潮流、紧跟时代步伐，毕生致力于抗日保台、兴办教育、民主革命，已为大家耳熟能详和津津乐道。而他洁身自好、严于律己，不畏权贵、鞭挞腐败，修身养性、知耻明德，尚俭戒奢、关心民生的廉洁作风和精神，同样是可圈可点、感人肺腑，值得我们传承和弘扬。本文根据丘逢甲一生经历及其诗文，对其廉洁作风和精神略作探析。

（一）托物言志，洁身自好

　　丘逢甲出身于恪守中华优良传统、忧国忧民、不慕荣利的爱国世家。据考证，其二世祖丘创兆是民族英雄岳飞的重孙女婿，曾跟随文天祥抗元，兵败后举家由上杭移居广东梅州石窟都（今蕉岭县）。在清乾隆中叶，丘逢甲的曾祖丘仕俊东渡台湾彰化东势角（今台中县）。后来，丘逢甲的祖父丘学祥再举家搬迁至淡水厅铜锣湾庄（今苗栗县）。丘逢甲的父亲丘龙章学问渊博，刚正清朴，毕生从事桑梓教育。丘龙章不仅治学严谨，严于律己，而且教子有方，循循善诱。在父亲的严格教育下，丘逢甲幼负大志，洁身自爱，清白做人，正气磅礴。

　　丘逢甲自幼天资聪颖，读书过目不忘。史载他"六岁能诗，七岁能文"①。现在人们能看到的丘氏最早诗作，是他九岁时写的两首七言诗。第一首诗是《学堂即景》：

三落书房菊蕊开，玲珑秀色满园堆。
儿童扫径尘埃地，灌者观花影上来。②

菊花经历风霜，有顽强的生命力，是贞洁、诚实的象征。古人在学堂种菊，意在培育学生的高风亮节。丘逢甲把学堂里菊花盛开的景况描绘得细腻真实、形象生动：学生们进进出出，学堂里已经菊花盛开，菊花茎直精巧，颜色美丽，满园聚积在一起。儿童把道路两旁污浊的尘土打扫得干干净净，浇灌者上来形象地察看着花儿。一幅学堂美景，优雅环境，有静有动，跃然纸上。

丘龙章见儿子小小年纪，文思敏捷，甚为欢喜。为了测试儿子的才气，他以"万寿菊"为题，命儿子用"冬"字韵再写一首。丘逢甲静思片刻，提笔写道：

采见南山几岁童，古香古色艳秋容。
爱花合为渊明寿，酒浸黄英晋万钟。③

丘逢甲这次更是即景生情，寓意深远，借用陶渊明"采菊东篱下，悠然见南山"的典故，隐喻自己追求菊花般洁身自好、恬淡闲适的生活方式，体现了安贫乐贱、励志守节的高尚品德，表达了傲视风霜、超凡脱俗的思想感情。丘逢甲小小年纪的生活情趣、不俗的才华和学识已崭露头角，这跟他父亲长期潜移默化的教育是分不开的。

――――――――――

① （清）丘瑞甲：《先兄丘仓海行状》，《岭云海日楼诗钞》，安徽人民出版社1984年版，第468页。
② 广东丘逢甲研究会编：《丘逢甲集》，岳麓书社2001年版，第3页。
③ 广东丘逢甲研究会编：《丘逢甲集》，岳麓书社2001年版，第3页。

由于丘逢甲关心国事，满腹经纶，"能会中西之道"，因此博得了当时以福建省台湾道唐景崧为代表的洋务派官僚的赏识。他们对丘逢甲的有意栽培，使丘逢甲在政治上和学业上都得到了很大的进步，其爱国情感不同程度地融入了洋务派所提倡的图强自救的思想。他在台湾先后写成《穷经致用赋》《全台利弊论》《何以安置余勇》等卓有远见的诗文，受到台湾各界有识之士的器重，初步显示了他忧国忧时的宽广胸怀和为国为民的强烈愿望。

在台南院试中，14岁的丘逢甲按诗题《赋得"天容海色本澄清"，得清字七言八韵》，即兴赋诗八句：

> 偶然信步上高城，一片空明入望平。
> 只觉天容真洁净，但看海色最澄清。
> 微云散后鹏收翼，巨浪低时雁有声。
> 遍览乾坤偕众士，春风得意马蹄轻。

偶然随意走走，登高望远，但见空旷澄澈，一望无边。诗题借用了苏轼的"天容海色本澄清"，修改为"只觉天容真洁净，但看海色最澄清"。只觉得那青天是真正洁净，但看那碧海最为澄清明净，表明了自己的心胸要像青天一样辽阔洁净，自己的为人要像碧海一样清净明澈，也就是要干净做事，清白做人。云开云散后大鹏收翼，巨浪低下时鸿雁有声，表明了自己像大鹏展翅有志向，鸿雁飞过留下声。纵观天下的读书人、诸侯臣僚、各级官吏，春风得意，纵马狩猎，功成名就，趾高气扬。表明了自己决不同流合污，一定洁身自好。

丘逢甲一生写了很多咏物诗，借助自己的感觉器官，将自己的心情、胸怀、见识与所见、所闻、所接触的形体、景象、事物联系起来，借景抒情和托物言志。丘逢甲有一首《棉雪歌》，盛赞红棉花开、花红如血，花絮如雪、满天飞舞。红棉树别名英雄树，干高花伟、雄壮魁梧，借以说明他的热血心肠、高洁人生、清白品格、廉洁精神。

南天珍木瑰奇绝，花作红霞絮白雪。

文章万丈见光焰，谁意飘零更高洁。

……

入时自作风流格，尚留清白人间说。

偶教痼疾起烟霞，劫火不妨烧雪魄。

奇花曾为吟春红，长夏仍教住雪中。

英雄心性由来热，待竟苍生衣被功。①

　　丘逢甲先从木棉树写起，说南方的木棉树是珍贵的树木，瑰丽奇异至极。红棉花开化作满天红霞，代表自己赤热之情；白色花絮如同白雪飞舞，代表自己纯洁之心。这种场景真是"李杜文章在，光焰万丈长"②，令人久久不忘。可是谁人在意，它在随风飘落中更显出高洁的品质……旁边的人不要没有根据地猜疑、轻视鄙薄，这是诗人在遭谤后的自我表白，愤怒抗议。这种花内含高贵品格，肝胆相照，原本盘曲硕大，实际勇气过人，气魄雄大。它适合时令而开，自以为英俊杰出又风流倜傥，还留下一生清白让人间去评说。偶然遇到有经久难治愈的病，中了鸦片的毒，它会毫不顾惜地烧掉自己雪白的魂魄，当作良药拯救病人。根据作者标注："中鸦片烟毒者，烧棉絮存性和茶子油饮之立起。"所以，木棉花还具有很高的药用价值。木棉花又称英雄花，英雄的性情历来就是火热的，它最大的功劳，就是要为天下的百姓做成衣被，温暖人间。真是鞠躬尽瘁、死而后已、造福天下、衣被苍生。这是一种怎样的人格品质，春红夏雪，清白人间，焚身治病，善待他人，一生无私奉献、利国利民，无不使人为之动容。

　　古人把梅、兰、竹、菊誉为四君子，其品质分别是傲、幽、坚、淡，正是根源于对这种审美人格境界的神往，这成为中国人感物喻志的象征，也是咏物诗最常见的题材。梅，剪雪裁冰，一身傲骨；兰，空谷幽香，孤

---

①　广东丘逢甲研究会编：《丘逢甲集》，岳麓书社 2001 年版，第 368 页。

②　陈伯海：《唐诗汇评》，浙江教育出版社 1995 年版，第 1695 页。

芳自赏；竹，筛风弄月，潇洒一生；菊，凌霜自行，不趋炎势。丘逢甲对梅、兰、竹、菊也是情真意切，借助四君子的清高品性表明自己的崇高品德。

丘逢甲喜欢梅花的探波傲雪、剪雪裁冰、一身傲骨，曾写下了《题墨梅》《梅花》《题梅花帐额》《梅石图》《题画梅石》《梅花观》等诗篇。其中《题墨梅》（其一）：

> 天寒岁暮漫伤神，大地心终见复阳。
>
> 留得梅花风格在，空山洒墨作寒香。①

虽然年近岁末，天寒地冻，弥漫着伤感情绪；但是心作良田，百世耕之，大地终将恢复生机。留住梅花坚韧不拔、不屈不挠、奋勇当先、自强不息的高贵品格，在幽深少人的山林里飘飘洒洒，化作一股沁人心肺的清香。丘逢甲表达了自己像梅花一样不惧寒冷，迎着漫天飞舞的雪花，怒放盛开；表明自己敢于同邪恶势力作斗争，拥有傲视权贵的崇高品质和铁骨冰心的坚贞气节。又如《题画梅石》（二首）：

> 石抱太古春，花作香雪海。不知天地心，倚杖空山待。
>
> 瘦石护寒梅，盎盎回春意。借君铁笛声，吹起群山睡。②

丘逢甲描述的是一棵梅树在石头缝里顽强地生长。石头环抱着最古老的春天，梅花凌寒盛开，倾吐清雅馨香，若雪满地，如海荡漾。不知天地般大公无私的心，挂着手杖在幽深少人的山林等候。峭削之石护卫着梅花凌寒开放，洋溢着春回大地。凭借你铁制的笛管声，把沉睡的群山吹醒，意思是警醒人们，在春天里要有所作为。丘逢甲表达了自己像瘦石护梅，惺惺相惜，在严寒中，开百花之先，独天下而春，以高洁、坚强、谦虚的

---

① 广东丘逢甲研究会编：《丘逢甲集》，岳麓书社 2001 年版，第 496 页。

② （清）丘逢甲：《岭云海日楼诗钞》，安徽人民出版社 1984 年版，第 136 页。

品格，处于艰难、恶劣的环境中依然能坚持操守、主张正义，给人以昂扬向上、立志奋发的激励。

丘逢甲喜欢兰花的空谷幽放、孤芳自赏、香雅怡情，曾写下《山兰》《题画红兰》《画兰曲》等诗篇。其中《山兰》：

剑叶萋蕤千仞冈，文琴声断到今藏。

洞天供养难为俗，香国逃名不愿王。

高士在山饶远志，佳人绝代抱幽芳。

九州地尽灵根露，早合寒薇共首阳。[①]

丘逢甲作此诗时，是在抗日保台失败后，他哭辞故乡台湾，亲历惊心往事之痛，悲愤愁忧、悔疚交加，内心情绪空前复杂，始萌隐逸避世的念头。目睹漫山遍野的山兰剑叶，气势貌盛地生长在高千仞的山岗上。文人雅士的琴声断了，知音没有了，而到如今却有人要把山兰当作宝贝收藏。但是山兰从不取媚于人，也不愿移植于繁华都市，山兰只适宜于在人迹罕至的清幽净土生长，难于变得大众化为大家养活。它在花国世界逃避声名，不愿称王称霸流芳百世。身处几无知音的陌生环境，身处与世隔绝的岭东山城，丘逢甲也只得像山兰那样，置己于荒郊野外，把内心秘藏起来，保持自身的贞洁与幽芳。品行高尚的人，面对大山增添了远大理想与志向；美艳绝代的佳人，心里都怀有至高洁净的德行。这里化用唐代诗人杜甫所作《佳人》"绝代有佳人，幽居在空谷"[②]一句。走到天的尽头，将显露出修行素质，赶早集合身世贫贱却志同道合的人，共聚在伯夷、叔齐采集野菜隐居处的首阳山，远离人世，修身养性。丘逢甲虽然此时身、心都极其疲惫痛苦，但是他透过山兰来展现自己的人生抱负，在山兰孤芳自赏的贞洁幽美之中，以不愿跟统治者同流合污的气节，认同自己的一份精神品性。又如《画兰曲》：

---

① 广东丘逢甲研究会编：《丘逢甲集》，岳麓书社2001年版，第161页。

② 陈伯海：《唐诗汇评》，浙江教育出版社1995年版，第978页。

梦破中原夕照红，幽兰开落荒山中。

莫教无土孤根露，花里残径写太空。①

　　此诗写作背景是丘逢甲支持广东梅州籍的谢逸桥、谢良牧兄弟等人筹办梅县松口团防局，支援响应湖南浏阳人唐才常的自立军，企图南北呼应，揭竿而起。可惜唐才常等在汉口未发事就被张之洞捕杀，于是有了第一句，梦破中原，起义失败，烈士鲜血染红傍晚的霞光。本来就具有独立品质、恬静而又温文尔雅的兰花，也就只能长在荒山，徒自开落，散发着淡淡的幽香。莫非是无土，露出孤独无依的根枝。我只能站在花丛残留的道路里，描绘浩瀚无际的天空。通过咏物借以揭露当朝权贵误国之罪行，抒发了自己空有报国之志而无报国之门，寄托了自己的亡国之恨与忧国之心，从而表现出自己的一片浩然正气与纯洁秉性。

　　丘逢甲喜欢竹子的筛风弄月、清雅淡泊、不屈气节，曾写下《题画竹四首》《闻河决题画竹》《题画竹》等诗篇。其中《题画竹》四首之二、三，表现出他的坚毅不屈的自励节操和理想追求：

寒崖茁孤篠，见石不见地。屈曲自盘根，难掩凌云气。

拔地气不挠，参天节何劲。平生观物心，独对秋篁影。②

　　丘逢甲描绘了孤竹顽强的生命力，茁壮成长于寒崖石缝中，虽然根株盘曲纠结，但难于遮盖它意气高超直上云霄；孤竹拔地而起、刚正不屈，质地坚实、劲节参天。作者观察事物本身，透过现象看本质，感慨良多，以诗言志，独自面对一片秋天竹园，守着自己的一份志节，形容自己不媚权贵、淡泊正直的人格和情操。

　　丘逢甲尤其挚爱菊花的凌霜飘逸、特立独行、不趋炎势，相继写成《野菊》《菊花》《菊枕》《采菊歌》《菊枕诗四首》《谢芝叟惠菊》《题菊

---

① 　广东丘逢甲研究会编：《丘逢甲集》，岳麓书社 2001 年版，第 479 页。

② 　广东丘逢甲研究会编：《丘逢甲集》，岳麓书社 2001 年版，第 300 页。

花诗卷》《菊花诗四律》等诗篇。其中《野菊》诗云：

> 入眼惊看秋气新，孤芳难掩出丛榛。
>
> 英华岂复关培植，烂漫依然见本真。
>
> 淡极名心宜在野，生成傲骨不依人。
>
> 陶潜死后无知己，沦落天涯为怆神。①

　　诗中的野菊神采坚挺，很快进入作者的视野，让他惊奇地注视着，秋日凄清之气焕然一新。野菊虽然从丛杂的草木中长出，但是难掩高洁绝俗的品格。美好的花木，珍贵的品格，这难道是反复培植就能得到的吗？他在自问，也在自答。鲜明而美丽、坦率而自然，依旧可见与生俱来的善良、真诚。简简单单，平平淡淡，不求名利，最适宜的是不在朝做官，实际上表达了自己怀才不遇，飘零无根；但是生成了高傲不屈的风骨，就会对人不依不饶，不屈膝依附他人。陶潜死后已无了解、理解、懂得、赏识自己的人，都是一批贪污腐化之众、阿谀奉承之辈。但是自己即使被朝廷弃而不用，陷入不良的境地，怆然泪下，仍然孤芳自爱，心系国家。丘逢甲托物言志，通过对野菊的赞美，表达了自己在恶劣社会环境中不媚权贵的气骨风度、愤世嫉俗的高洁伟岸和坚贞不二的美好品质、傲立群芳的道德人格。

　　此外，如《采菊歌》②中"世人贵薏贱真菊，弃置在野容堪伤。""秋霜杀物百卉死，若抱晚节天为彰。""要之摧折世俗手，毋如老死荒山荒。""采花酿酒强作欢，共保风尘好颜色。"数句，丘逢甲描绘了菊花傲骨凌霜，孤傲绝俗，表示自己坚守高尚节操，宁死不屈的决心，赞美了菊花即使被人抛弃在野，仍然傲世霜雪；即使因百花折杀而死，仍然保持晚节；情愿老死荒山，不愿折腰权贵；情愿牺牲自己，也要保持本色。如《题菊

---

① 广东丘逢甲研究会编：《丘逢甲集》，岳麓书社 2001 年版，第 160 页。
② 广东丘逢甲研究会编：《丘逢甲集》，岳麓书社 2001 年版，第 163 页。

花诗卷》："宁向枝头死抱香，不曾吹坠北风凉。"① 丘逢甲借菊抒情、托物言志，宁可一直守在枝头至死，不愿被北风吹落在尘土，歌颂了菊花不屈不挠的铮铮铁骨、清香节操和坚忍不拔的伟岸精神、动人品质。《菊花诗四律》四首之二："平生耻作呈身事，坐爱黄花淡不浓。何忍投人羞晚节，不妨供佛借秋容。"② 丘逢甲表达了一生不齿于自荐求官，是因为欣赏菊花的乐于平淡，决不能因投人所好、狼狈为奸而羞辱晚节。

丘逢甲深深懂得"人生变节须臾耳"，丧失气节是片刻之间的事，所以要反复提醒，时刻牢记。他在《嗟哉行》里咏叹：

> 钢是铁所为，铮铮抑何美！安知经火练，竟化柔绕指。
> 噫吁呼嗟哉！行百者半九十里，晚节末路之难乃如此……③

钢是铁经过千锤百炼而成，刚正不阿、坚强不屈是那么的壮美！怎么会知道经过烈火熔化锻造后，竟然也能柔到能缠绕在手指上。这里借用了西晋刘琨《重赠卢谌》的两句诗："何意百炼钢，化为绕指柔?"④ 抒发丘逢甲自己欲建功立业而难以成就的感慨，充满了英雄失意的悲凉，比喻坚强者经过挫折也可能变得软弱无能。正所谓行百里者半九十，一百里的路程，走到九十里也只能算是才开始一半而已。比喻做事愈接近成功愈困难，愈要认真对待，从中悟出保持晚节之难的道理。因此，丘逢甲十分注重自己情志、节操之淬砺培养，丝毫不敢松懈。

（二）鞭挞腐败，针砭时弊

丘逢甲生于台湾，长于台湾，对台湾的一草一木了如指掌，对台湾的社会环境也是洞若观火。由于台湾孤悬海外，"天高皇帝远"，来自大陆的

---

① 广东丘逢甲研究会编：《丘逢甲集》，岳麓书社 2001 年版，第 530 页。
② 广东丘逢甲研究会编：《丘逢甲集》，岳麓书社 2001 年版，第 607 页。
③ 广东丘逢甲研究会编：《丘逢甲集》，岳麓书社 2001 年版，第 291 页。
④ 陈君慧：《中华国学经典读本·古诗三百首》，北方文艺出版社 2013 年版，第 182 页。

官吏，大都把赴台任职视为"肥缺"，混上两三年捞上一笔就走，难得有几个愿为开发宝岛、筹固海防费心尽力的清正人物。各级驻台官吏巧立名目、贪赃枉法、寡廉鲜耻、中饱私囊的丑事，较大陆各地尤甚，搜刮手段也更为狡诈多样。对此，台民早就议论纷纷，丘逢甲也时有所闻，曾愤作《去思词》等予以辛辣鞭挞，其中一首这样写道：

> 子规声里使君归，原草初长马正肥。
> 剜肉医疮无限泪，春风吹遍万民衣。[①]

杜鹃声声啼叫，大地一片欣欣向荣。州郡长官归来，搜刮台民中饱私囊。原草初生长，马儿正喂肥，写景抒情，借物刺人。剜肉医疮，只能让百姓无限伤心落泪。温暖的春风吹遍神州大地，何时给台湾送来一个万民拥戴的清官。万民衣是一个典故，说的是清朝康乾时期的山东滋阳人牛运震，历任甘肃秦安县、徽县、两当县、平番县等县县令。他为政清廉，为民请命，平番县发生饥荒，他带头捐粮 200 担，使遭受饥饿死亡威胁的百姓得以拯救。后来当地百姓为表感激，每人捐献了一文钱，做了件"万民衣"，并把剩余的钱兑成银子，一起赠送给他。牛运震再三推辞不下，收下了"万民衣"，银子则分文不受，反馈给当地百姓。清朝光绪时期南宁籍西北名宦黄国琦，也曾在甘肃秦安县任县令，有类似举措，甘肃百姓同样赠"万民衣"给他。因此，"万民衣"成为清正廉洁、克己奉公的代名词，台湾人民热切期盼着有真正为民服务的父母官到来。

《去思词》其三：

> 千箱百篚运脂膏，饱挂归帆意气高。
> 岂是郁林无石载，宦囊已足压波涛！

---

① 广东丘逢甲研究会编：《丘逢甲集》，岳麓书社 2001 年版，第 89 页。

此诗更是直截了当地痛斥了贪官污吏把搜刮来的民脂民膏，千箱百篋运回大陆，趁长风饱挂帆，趾高气扬。然后借用东吴郁林太守苏州人陆绩奉公忘私、两袖清风，离任时空无一物、只身回家，舟轻不可越海，取石为重的典故。后人有诗赞："郁林太守史称贤，金珠不载载石还。航海归吴恐颠覆，载得巨石知其廉。"后世以"廉石压舟"为典故，作为居官清廉的典范。"郁林石"就是"压舱石""镇船石"，是"清廉石"的象征。丘逢甲在此设问，难道郁林已无石可载？答曰非也非也，因赴台官员贪赃枉法而得到的财物数不胜数，已足以压住大海的波涛，形容赴台官员寡廉鲜耻、见利忘义，极尽搜刮民脂民膏之能事。令人可笑的是，如此贪鄙的赃官却毫无廉耻地"自撰清操刻报章"。

对那些社会上形形色色的卑鄙无耻、盘剥百姓、吸吮民脂民膏的贪官污吏，丘逢甲鄙为"蝇""蝎""蟹""蝗"之流，曾作《虫豸诗五十首》加以讽喻。这类诗作短小精悍、语短意长，或犀利或含蓄，其批判锋芒皆一目了然、入木三分。如：

蝇

善为骥尾附，能使鸡声乱。

钻营不到处，赖有冰在案。

此诗讽刺善于依附于权势的无能之辈，像苍蝇附随在骐骥的尾巴上，飞黄腾达，仗势欺人，使得鸡犬不宁。他们苟且钻营，趋炎附势，谋求私利，无处不在，完全依赖于他们手中有权力。旧时官方公文信函称收函的机关为冰案，故"冰案"乃指衙门、官府。此处"冰在案"应为押韵需要，原意为"冰案在"，权力在，有权力。此诗表达了丘逢甲宁愿安贫守道、刚直不阿，不愿攀龙附凤、危害百姓的高尚情操。

蟹虫

臭恶不可耐，强来登客床。

故为迟拙相，阴毒更难防。

蝽虫即臭虫，身体扁平，赤褐色，腹大，体内有臭腺，吸人、畜的血液。蝽虫臭恶得使人受不了，却还是强行登堂入室。表面上看起来迟笨、缓慢、不灵活，但是其阴毒更是防不胜防。此诗表达了丘逢甲对贪官污吏违犯法纪、坑害百姓的强烈愤慨和深深谴责。

蝗

所过无完田，千里成赤地。

农夫不敢伤，额间有王字。

蝗俗称蝗虫或蚂蚱，体粗壮，触角短，为植食性昆虫，能取食许多不同科的植物，有些能造成严重危害。蝗虫所过之处，稻谷几乎被吃光，千里地面，寸草不生。而更可怕的蝗虫是贪赃枉法的官吏，百姓对他们无可奈何，不敢得罪他们，因为他们额间写有王字，代表了王室代表了官府。此诗表达了丘逢甲对祸国殃民官吏的义愤填膺，希望朝廷能体恤民情，拯救百姓于水火之中。

蚊

闻声令人憎，恶党况群结。

钻刺一何工，拼命博膏血。

蚊子，喙细长，比头部长几倍，便于吸食液体食物或穿刺吸血。听到蚊子声音，就令人憎恨；坏人集结在一起，更进一步结成党羽，攫为己有，专干坏事。贪官们钻营是何其擅长、谋利是多么贪婪，拼命吸取百姓用生命和血汗换来的劳动果实。此诗表达了丘逢甲对贪官结党营私、榨取民脂民膏的恨之入骨和深恶痛绝。

这些诗作与丘逢甲乙未内渡后写的《虫豸诗八首》一脉相承，讽世以言志，锋芒直指残民自肥的污浊吏治和黑暗腐败的社会现象，反映出他鄙弃官场丑恶的鲜明感情和刚正清廉的思想品格。其中讽虱之诗："黑白亦何常？出身本不洁。臭香任跖回，但解嘬膏血。"丘逢甲讽刺了出身本不干净的虱子，黑白不分，臭香不辨，只知吸食血液；意思是贪官污吏像虱子一样只知搜刮民脂民膏。嘲蝇之诗："附骥亦云幸，营营殊可憎。未容遽集此，赖有玉壶冰。"丘逢甲嘲讽了苍蝇附随在骐骥的尾巴上，苟且钻营，谋求私利，十分可憎；不容许苍蝇聚集在这里，因为这里有清廉正直的人，表明了自己严于律己，不为外界所诱惑，坚持做一个冰清玉洁，表里如一，光明磊落的人。讥蝎之诗："尔族本在北，与官同至南。未能相见喜，防尔尾间钳。"蝎的头胸部的螯肢呈钳状，胸脚四对，后腹狭长，末端有毒钩，用来防敌和捕虫；丘逢甲讥讽贪官污吏自北而南，侵占土地，霸占财产，毒害百姓。但是丘逢甲对蜂的气质点赞不已："与君同死生，义不殊贵贱。由来香国中，不立贰臣传。"蜜蜂的本性是忠于职守，决不会背叛蜂王，蜜蜂与蜂王同生共死，道义上不分地位的高贵与低贱。虽然蜜蜂穿梭于百花丛中辛勤劳动，但是不粘不沾；表明自己不曲阿附世于当权者，不愿被列入贰臣传。贰臣传指的是，乾隆皇帝为了进一步巩固统治，缓和民族矛盾，瓦解民族意识，达成统一思想，在大力表彰忠臣（即在明末清初因抗清遇难的明朝官员）的同时，下令编纂《钦定国史贰臣表传》即《贰臣传》。贰臣实际上是降清的明朝官员，从封建道德出发，实在是"大节有亏"，人不如蜂。我们可以从中洞悉丘逢甲爱憎分明，针砭时弊，表达了其刚直不阿的情志与节操，坚贞不渝的豪情与气骨。

《新乐府诗》指的是一种用新题写时事的乐府诗，丘逢甲借用这种艺术形式，写下《新乐府四章》，其三《万牲园》揭露了清廷的腐败黑暗，对民生疾苦的漠不关心。

中国所有毕罗致，中国所无求海外。

力为禽兽造世界，神禹所驱今复聚。

毛虫羽虫大和会，除却凤麟无不至。

嗟哉伏颐万其类，无良无猛，无蠢无灵，

胥目曰牲，园吏按册皆可呼其名。

食粟者粟，食肉者肉，尔虽不能言，无不得所欲。

文禽武兽前后补，京朝之官半寒苦。

人言员外郎，不及园中虎。

况尔穷民满天下，安能上与槛猿笼鹤伍？

古来灵囿何足言，天荒地老有此园。

长安夜半西风起，啼呼如在山林间。①

　　万牲园指的是北京动物园的前身，于清末光绪帝实行新政时开始兴建。万牲园把中国所有的动物种类全部搜罗招致；中国没有的动物种类祈求海外购买引进。努力为飞禽走兽打造一个世界，大禹所驱逐赶走的动物今天又聚在一起了。体上多毛的鳞翅目昆虫，身被羽毛的鸟类动物，全都聚集在一起，除却凤凰麒麟以外，没有不到来的。无所谓优良，无所谓凶猛，无所谓愚蠢，无所谓精灵，官员头目称之为牲畜，动物园的管理人员按照册子都可以叫出它们的名字。吃粟的动物可以吃上粟，吃肉的动物可以吃上肉，你虽然不能说话，但是没有什么欲望不能得到满足。明代官员分为九品，服饰则按照官阶的品级有着严格的规定。据考，在衣服上绣绘飞禽走兽的补子以区分官阶，补子就是一块缝在官员服装上的布，上面所绣的不同禽兽，代表了一个人官位的大小。补子是文禽武兽，即文官绣飞禽，武官绣走兽。故有文禽武兽前后都有补子，朝廷的官员一半以上贫穷困苦。人们说设于正额以外的郎官，比不上园中的老虎。更何况鳏、寡、孤、独等无依无靠的贫苦百姓，遍布天下，怎么能够比得上栏杆里的猿猴、牢笼里的鹤鸟？自古以来帝王畜养动物的园林，哪里值得去说；天荒秽，地衰老，经历的时间极久啊，有了这样的一个万牲园。长安城夜半时西风吹起，动物哭叫呼喊的声音如同在山林之间。丘逢甲通过叙述万牲园

① 广东丘逢甲研究会编：《丘逢甲集》，岳麓书社2001年版，第600页。

搜罗了除凤凰、麒麟以外各色动物种类，要同时极尽可能地养活它们，揭露了为满足朝廷的声色犬马、骄奢淫逸，当朝权贵耗费了大量的人力物力财力，致使朝政荒废、官场腐败、民不聊生。接着笔锋一转使用了"文禽武兽"，此词实际上就是"衣冠禽兽"的代名词。"衣冠禽兽"原本在明朝初期曾是一个令人羡慕的词语，为褒义词。"衣冠禽兽"演变成贬义词是在明朝中晚期，由于官吏贪赃枉法、欺压百姓、为非作歹，如同牲畜，老百姓就渐渐地将"衣冠禽兽"这个成语作为贬义词来用了。丘逢甲通过鞭挞朝廷的穷奢极欲、荒淫无耻，拆穿了官吏的衣冠禽兽、欺上瞒下，表达了自己匡扶天下、关心民疾的宽广胸怀。

丘逢甲还有一些诗揭露当朝权贵屈节误国之罪行，从而表现出自己的一片浩然正气。如《牡丹诗》二十首其二：

> 何事天香欲吐难，百花方奉武皇欢。
>
> 洛阳一贬名尤重，不媚金轮独牡丹。①

传说武则天做皇帝后的一年冬天，至上苑饮酒赏雪，酒后写下一首《腊日宣诏幸上苑》："明朝游上苑，火速报春知。花须连夜放，莫待晓风吹。"②下令百花盛开，以表示对自己的忠心。于是长安城中一夜之间百花齐放，唯独牡丹不媚权贵迟迟不肯吐露芬芳。武则天一怒之下，一把火将牡丹花烧为灰烬，并把别处的牡丹连根拔除，赶出长安，贬到了洛阳。谁知牡丹在洛阳长势良好，人们纷纷来此观赏牡丹，从此洛阳牡丹名声大震，闻名天下。金轮原指印度古代战争用的一种武器，传说中征服四方的转轮王出生时，空中自然出现此轮宝，预示他将来的无敌力量。后喻太阳，又指武则天。据《旧唐书·则天皇后纪》，武则天于长寿二年（693）"秋九月，上加金轮圣神皇帝号，大赦天下"③。所以后人称武则天为金轮

① 广东丘逢甲研究会编：《丘逢甲集》，岳麓书社2001年版，第326页。
② 陈伯海：《唐诗汇评》，浙江教育出版社1995年版，第9页。
③ 吴相洲主编：《乐府学》第11辑，社会科学文献出版社2015年版，第193页。

或金轮皇帝。丘逢甲借用洛阳牡丹敢于违忤武后帝旨、拒不吐艳的典故，以抨击西太后之专横跋扈，歌颂"戊戌六君子"等维新志士"不媚金轮"的浩然正气，从而表现了自己的刚正品格。又如《秋兴次张六士韵》八首其六：

> 衣冠文武眼中新，晏坐空山笑此身。
>
> 割地奇功酬铁券，周天残焰转金轮。
>
> 后庭玉树仍歌舞，前席苍生付鬼神。
>
> 细柳新蒲非复昔，更无人哭曲江滨。①

丘逢甲首先借用杜甫《秋兴八首》诗"文武衣冠异昔时"②，感慨今昔盛衰之种种变化，朝官换了一拨又一拨，眼前又出现一批新人；在政治上自己已经是一个被遗忘的人了，故闲驻于幽深少人的山林，嘲笑今生，令人伤悲。接着对在朝权臣的战败责任进行了辛辣的讽刺，朝廷的腐败无能导致割地赔款，立下"奇特功勋"，还给割地赔款的"功臣重臣"予"免死券"表示"酬谢"；就这样周而复始，连绵不断，如同失火其心火必散的残焰，国力渐衰，转到金轮皇帝，暗喻慈禧太后，都犯下滔天罪行，钉在历史耻辱柱上。然后再用杜牧的《泊秦淮》"商女不知亡国恨，隔江犹唱《后庭花》"③的典故，讽刺慈禧太后沉湎于歌舞玩乐，陶醉于亡国之音。用李商隐的《贾生》"可怜夜半虚前席，不问苍生问鬼神"④的典故，戳穿统治阶级不可能真正地重视人才，关心国计民生之大事。用陆游的《秋晚登城北门》"横槊赋诗非复昔，梦魂犹绕古梁州"⑤的典故，描绘细柳已经匍伏长出新叶，如今已不再是当年。用张乔的《曲江春》"寻春与

---

① 广东丘逢甲研究会编：《丘逢甲集》，岳麓书社 2001 年版，第 606 页。

② 陈伯海：《唐诗汇评》，浙江教育出版社 1995 年版，第 1219 页。

③ 陈伯海：《唐诗汇评》，浙江教育出版社 1995 年版，第 2367 页。

④ 陈伯海：《唐诗汇评》，浙江教育出版社 1995 年版，第 2475 页。

⑤ 《宋诗鉴赏词典》，上海辞书出版社 2001 年版，第 951 页。

送春，多绕曲江滨"① 的典故，说明面对久负盛名的皇家园林西安曲江的衰败，人们已经麻木而不再哭泣。丘逢甲通过阐述世道的变迁，时局的动荡，国运今非昔比，揭示了最高统治者的荒淫昏庸、醉生梦死，可谓针砭时弊，鞭辟入里，这种刚直不阿、坚强不屈的高贵品质，反映了其对国家命运的忧虑和关切之情。

这种刚正敢言的品格还常常流露在对历史人物的咏叹中。如《说潮》五古十七首中，丘逢甲对潮汕本土或与之有关的先贤俊彦，诸如文天祥、陆丞相、马发、俞大猷、薛侃等都有吟咏。他尤其对薛侃因上建储疏，触犯帝讳而坚贞不屈的高贵品格充满了敬佩之情，对薛侃因上疏而失官也深表同情：

> 中离薛先生，举家侍讲幄。犹子方登朝，死谏节已卓。
>
> 惜哉真铁汉，一疏官复削。青衣拜节归，京尘手亲濯。②

薛侃，字尚谦，因曾讲学于中离山，世人称中离先生。他全家侍奉天子、太子讲论经史；侍奉君主就像儿子侍奉父亲一样，刚刚为朝廷服务，为了坚持正义而不惜冒死进谏，节操卓越而超出一般人。可惜啊可惜，真是清正刚直的人；因为上疏，丢失了官削职为民。从此穿着便服向尊长或亲友祝贺节日，功名利禄等尘俗之事自己亲手洗掉，比喻名利地位于我如同过眼云烟，品德修养可谓难言可贵。这里薛侃上疏，是针对皇位继承问题，请嘉靖帝稽旧典，定皇储，择亲藩贤者居京师，慎选正人辅导，以待他日皇嗣之生。但因其时嘉靖帝正急于祈嗣，见疏大为震怒，薛侃因触犯帝讳被革职为民。后隐居讲学于中离山，从学者甚众，为学造诣非凡，成为岭南明代大儒。后人誉为"行义在乡里，名节在朝野"。总之咏史抒情、借典言志，可以看出丘逢甲的不畏权势、刚直不屈的高尚节操。

---

① 刘纲纪：《唐诗书画新编·山川壮丽》，武汉大学出版社 2006 年版，第 353 页。
② 广东丘逢甲研究会编：《丘逢甲集》，岳麓书社 2001 年版，第 263 页。

（三）淡泊名利，知耻明德

丘逢甲出身寒素，生性耿介，不善攀附权贵，无意追逐名利。本来在赴京参加科举考试前，丘逢甲对清廷还怀有一点点希望。光绪十三年（1887）中举人，后在赴京应试期间，他又目睹一片颓靡凋敝、乌烟瘴气、令人伤心之景，耳闻多是结党营私、颟顸无能、令人愤懑之情，从而对清廷朝纲不振深感失望，对官场吏治污浊甚为反感，并改变了借助仕途之路，匡时济世的初衷。光绪十五年（1889）己丑科同进士出身，授任工部主事，此时丘逢甲年仅26岁。但丘逢甲无意在京做官，到工部签到不久，即援例以亲老告归，返回台湾，弃官归里从教。这种非常举动，绝不是丘逢甲年轻鲁莽，一时的心血来潮，而是他经过慎重考量和深思熟虑后所作出的重大决定和理性选择。对此，他在《闲居杂兴》诗中描述：

> 踪迹何曾敢陆沉？不能朝市且山林。
>
> 除官崔烈嫌铜臭，闭户袁安任雪深。
>
> 亲老怕浓游宦味，调高难作入时音。
>
> 寻常车马长安客，孤负平生出处心。[1]

自己的行踪足迹未曾愚昧迁执、不为人知，既不能在朝廷做事还不敢隐居山林；接着丘逢甲借用"崔烈花钱买官""论者嫌其铜臭"[2] 的典故、指出除官即授官，讥讽卖官鬻爵、贪赃枉法、以钱买官；又借用"袁安卧雪饿冻，不去干扰别人"[3] 的典故，表明清贫自守、刚正不移、节行素高。又借用汉朝韩婴《韩诗外传》卷七："故家贫亲老，不择官而仕"[4] 的典故，《韩非子·和氏》："禁游宦之民，而显耕战之士"[5] 的典故，表明自

---

① 广东丘逢甲研究会编：《丘逢甲集》，岳麓书社2001年版，第120页。

② （宋）范晔：《后汉书·卷五十二·崔骃列传第四十二》，岳麓书社1994年版，第742页。

③ 高玉昆：《中国古典诗歌艺术研究》，人民出版社2014年版，第345页。

④ 杜泽逊、庄大钧：《韩诗外传选译》，凤凰出版社2011年版，第220页。

⑤ 黄中业：《秦国法制建设》，辽沈书社1991年版，第29页。

己家境困难，不能离开年老父母出外谋生、远离家乡在官府任职。调子过高，难于跟当时的音乐合拍，表明看不惯官场的贪污腐败，只能自己洁身自好。平时到车马驰骋的长安城去寻梦的人，大都违背了素来的出仕做官及退隐山林的初心。但是，丘逢甲没有忘记，远离这个不干不净的是非之地，是他弃官归里的重要原因。

直到回台三年之后，他还赋诗《乞归已逾三载感赋二首》追述自己当年弃官归台的原因与心态：

> 吟罢长安及第花，便依南斗望京华。
>
> 医贫已误三年艾，浇俗难凭七品茶。
>
> 万里劝行良友札，五更入梦早朝车。
>
> 此身匏系成何益？目断东风海上槎。
>
> 惆怅牙琴操里音，此生终恐误山林。
>
> 未酬车马题桥愿，空抱江湖恋阙心。
>
> 亲健固容成远志，家贫何术铸黄金？
>
> 卖文自悔生涯拙，桃李门前春又深。[①]

显然，不能离开年老父母出外谋生的"亲老"，只不过是丘逢甲"告归"的借口。最后四句说的是，见多识广才能容纳和成就远大理想与志向，不能因为家庭贫穷，就与权奸显贵和蝇营狗苟之徒沆瀣一气、鱼肉人民。虽然以写作诗文换取钱财而后悔怨恨，赖以维持生活的职业变得笨拙不灵巧，但是老师辛勤栽培的学生遍布各地，一个生机勃勃的春天又要来临。所以厌恶官场的龌龊卑鄙，不屑随世俗官僚升降沉浮，企图通过兴办教育来改变这种现状，这才是他弃官归里、返台从教的真正原因。

正是由于对官场尔虞我诈、贪污腐败的反感和失望，丘逢甲才改变了借助科举及第、跻身仕途、经世致用的初衷，决意辞官归里，乐于从教，

---

① 广东丘逢甲研究会编：《丘逢甲集》，岳麓书社 2001 年版，第 84 页。

视名利如粪土，超脱世俗的诱惑和困扰。正如他诗中描述的那样："地瘠何堪再刮皮！"① 土地已经很贫瘠了怎能忍受再次刨刮？表明他已看不惯官吏盘剥百姓。"宦味何如诗味浓"②，做官的情趣哪里有写诗的情趣那么浓郁？表明他已无心宦海沉浮。更何况，"方今四洋毕达，五大在边，瀛海终非无事之时，天下正急需人之日"③，他看到了复杂多变的国际形势，国家正是迫切需要人才的时候，故不愿留在京城同那些贪官污吏、蝇营狗苟之徒同流合污，情愿回到家乡去服务桑梓、教化青年，为开发民智做些有益的事情。"桃李门前春又深"，他看到了更加美好的春天，即表明了他此时的人生价值取向，积极投身于教育事业之中，希望能够培养更多的人才为国效力。

辞官归里后，丘逢甲多次婉言谢绝了唐景崧要他参与政事的要求，淡泊名利，应邀到台中衡文书院担任主讲，后又到崇文书院和嘉义罗山书院担任主讲，教育新学，年中往来各书院间，南北奔波，不辞劳苦，但他却乐此不疲，热心于培育青年、启迪民智的教育工作。

当国难临头、祸从天降的时候，丘逢甲毅然决然挺身而出，拿起武器，保家卫国。光绪二十年（1894），中日甲午战争爆发，丘逢甲预感到了台湾的危难，曾忧心忡忡地说："天下自此多事矣！日人野心勃勃，久垂涎此地，彼讵能恝然置之乎！"他决心投笔从戎，以"抗倭守土"为号召创办义军，积极投身于对日抗争的洪流之中。丘逢甲后来在《重送颂臣》写道："书生忽戎装，誓保台南北。当时好意气，灭虏期可刻。"他已经由一位书生迅速转变为军人，誓死保卫台湾。当时他意气风发，认为消灭敌人指日可待。

由于经费不足，丘逢甲"倾家财以为兵饷"，自己带头变卖家产以充军费。兵员不足，他四处奔波，广泛动员，并动员亲属入伍，号召台湾人

---

① 广东丘逢甲研究会编：《丘逢甲集》，岳麓书社 2001 年版，第 118 页。
② 广东丘逢甲研究会编：《丘逢甲集》，岳麓书社 2001 年版，第 126 页。
③ 广东丘逢甲研究会编：《丘逢甲集》，岳麓书社 2001 年版，第 724 页。

民"人自为战,家自为守"①;为举办团练,丘逢甲倾注了自己的全副心血,他不辞劳苦,到处奔走,"晓以大义,动以利害",发动台湾青壮年踊跃从军。一时间从者如流,爱国忠勇之士群起响应,很快就组织起一支人数众多的团练队伍,丘逢甲担任全台义军统领(又称义军大将军)。

但是,这支没有经过严格训练、武器装备较差的义军,毕竟不是日军的对手。经过近一个月激烈战斗的丘逢甲义军,寡不敌众,伤亡惨重,不少重要将领相继阵亡,饷竭弹尽,各部星散。丘逢甲后来在《愁云》②写道:"封侯未遂空投笔,结客无成枉散金。"出师未捷,封侯未成,投笔从戎,心愿未遂;结交豪侠,散尽家财,共同抗敌,却未成功。丘逢甲是怆然泪下,悲痛万分。这时,好友谢道隆力劝说:"台虽亡,能强祖国则可复土雪耻,不如内渡也。"丘逢甲仰天长叹:"死,易事也,吾将效曹沫复鲁仇焉!"遂决定内渡大陆。

为了保家卫国,丘逢甲散尽家财以为兵饷,组织自己的父老乡亲,建立了一支坚强的义军,进行了英勇抵抗的对日斗争。在弹尽粮绝、寡不敌众的艰难条件下,怀着卷土重来、收复台湾的良好愿望,内渡祖国大陆。丘逢甲可谓毁家纾难,淡泊名利,一身正气,光明磊落。

丘逢甲一行回归祖籍地,受到粤东父老的热烈欢迎。一些潮州绅商张罗着为他买下北门外的一座宅院,请他们居住;嘉应会馆和镇平会馆也都热心集资为丘逢甲置业安家。但丘逢甲婉言谢绝了父老乡亲们的盛意,决定在镇平祖籍另择新址筑庐定居。

在父老乡亲们的热心帮助下,丘氏一家乔迁新居。传说由于这里是与外省的交界地带,且地理位置较为偏僻,经常有土匪出没,清军需要派兵前来侦察、剿匪,因而得名探地村。丘逢甲觉得当地"探地"村名太俗,且与自己此时的淡泊明志、力求内定的心境不符,遂谐音改村名为"淡定"。淡定,一般是指沉着镇定,淡泊名利。丘逢甲在《庐山谣答刘生芷

---

① 江山渊:《丘逢甲传》,《岭云海日楼诗钞》,安徽人民出版社1984年版,第463页。
② 广东丘逢甲研究会编:《丘逢甲集》,岳麓书社2001年版,第192页。

庭》中写道："山村易名曰淡定，刘子妙解为之词。"① 他可能想借此表达"淡定于心，从容于行"的处世态度。丘逢甲给新居取名为"心泰平草庐"，名其堂为"培远堂"，他自书门联："培载后进，远继先芬。"意思是精心栽培教育后裔子孙，努力继承祖辈优良传统。又写道："培成国器，远大家声。"要培养可以治国的人才，远播壮大家族的声誉。上厅中堂对联一：

地势据赣闽粤之交，山水清雄，环百里自成小聚；

族居自宋元明以降，渊源宏远，从廿世再数初迁。

对联点明了新居所在地理环境和家族渡台返粤的历史变迁，也表明了自己淡泊名利，愿在这山清水秀间修身养性，体现了自己思念台湾、渴望统一的心境。并撰上厅中堂对联二，概括山居的自然景观和他选择此地筑庐定居的本意初衷：

西枕庐峰，东朝玉笔。山水本多情，耕读渔樵俱适意；

南腾天马，北渡仙桥，林泉皆胜境，用藏出处尽随心。②

丘逢甲在克服自然界和社会上的种种艰险的历史进程中，逐渐锤炼形成了健康的情操、乐观的态度、积极向上的精神，东西南北的穷山恶水也变为多情山水、林泉胜境。无论耕田读书打渔砍柴，做什么都舒心如意；同时引用孔子"用之则行，舍之则藏"的话，"出处"则指的是出仕及退隐。意思是被赏识任用就出来做官施展抱负，甚而达到发愤忘食、乐以忘忧的地步；不被赏识任用就藏身自好退隐山林，安贫乐道，凭着自己随心所欲，出处自由。视富贵如浮云，不去媚权谄富，这是封建社会正直士大夫比较普遍的处世哲学。纵观全联，气脉顺畅，对仗严谨，意境优美，闪耀着人文精神的光辉，表达了丘逢甲淡泊名利、洁身自好的高风

---

① 广东丘逢甲研究会编：《丘逢甲集》，岳麓书社 2001 年版，第 195 页。

② 广东丘逢甲研究会编：《丘逢甲集》，岳麓书社 2001 年版，第 688－689 页。

亮节。

丘逢甲不仅严格要求自己，对子女亲戚的教育也甚严，他引用清朝张廷玉《明史·刘大厦伟》"居官以正己为先，不独当戒利，亦当远名".[1] 说明当官首先要端正自己的品行，不仅要戒除私利，还要远离对名望的追求。又以苏轼《前赤壁赋》"苟非吾之所有，虽一毫而莫取"以示儿，若不是自己应该拥有的，即令一分一毫也不能求取。借用来说明作官、为人都应清廉不贪，不是为我所有的东西，再微小也不能苟取。即使年节喜庆，他也提醒家人。内渡两年后，淡定村新居草成，逢甲四兄弟的家小随着入住，五弟时甫觉得远不如四年前台湾柏庄生活的丰富热闹，丘逢甲当即赋诗《除夕示五弟时甫》：

> 江城残腊客思亲，爆竹声中历又新。
>
> 忽忆四年前此夕，柏庄家宴满堂春。
>
> 草草杯盘钱岁筵，莫嫌风味逊从前。
>
> 满城多少贫儿屋，难过钱荒米贵年。[2]

丘逢甲首先引用了杜甫《宿府》"独宿江城蜡炬残"[3]，独自夜宿在江城，蜡烛微弱快要烧完了，意思是客居他乡，到农历年底了，作为客人，特别思念亲人；爆竹声中，日历又翻开新的一页。忽然回忆四年前的这个除夕，在台湾柏庄的家人相聚宴饮，厅堂内外充满着生机。现在简简单单的酒菜，聚会在一起送别旧岁，不要嫌弃美好的口味，比不上从前。到处都是生活困难的人们，银贵钱贱，生活费用高昂，日子不容易过。生活当然大不如以前，但是对比荒年中苦难的人们却好多了，表达了丘逢甲知耻明德、勤俭节约的传统美德。

丘逢甲还对亲朋好友以廉洁自励，在《题刘生廉让居图》二首写道：

---

① （清）张廷玉：《明史》第四册，岳麓书社1996年版，第2641页。

② 广东丘逢甲研究会编：《丘逢甲集》，岳麓书社2001年版，第314页。

③ 陈伯海：《唐诗汇评》，浙江教育出版社1995年版，第1192页。

一角青山世外天，家邻让水与廉泉。

不妨向帝夸臣宅，身是南朝范柏年。

自将廉让署吾庐，五百年来此卜居。

满眼风波津渡懒，万荷花里读仙书。①

丘逢甲在此引用了《南史·胡谐之传》："帝言次及广州贪泉，因问柏年：'卿州复有此水不？'答曰：'梁州唯有文川、武乡、廉泉、让水。'"②说的是南北朝时，宋明帝年间，梁州范柏年进京觐帝咨事，明帝谈及广州有水名为贪泉。据说晋时，广州石门有一奇泉，谁饮了此泉之水，就会视钱如命，贪得无厌，故人称"贪泉"。那时广州弊政猖獗，均传与此有关。后来朝廷命吴隐之出任广州刺史，让他除弊兴利。吴到广州首先喝了贪泉之水，并说："为官贪廉与泉水何干？"同时吟诗一首言志："古人云此水，一歃怀千金。试使夷齐饮，终当不变心。"前人道饮了贪泉之水就会思念千金之财，但如果让伯夷、叔齐这样的清廉者饮用，他们是绝对不会变得道德沦丧的。吴隐之任职期间，从严治吏，为官廉洁，从此广州风清弊绝。因此，宋明帝戏问范柏年："爱卿，你们梁州也有此水不？"范柏年回答说："梁州唯有文川、武乡、廉泉、让水。"廉泉为今南郑县濂水，让水在今汉台区武乡镇。明帝再问："爱卿宅居何处？"范答："卑臣寒舍居于廉、让之间。"说明范柏年任职之地民风淳朴、人性谦逊，又暗示自己为政清廉，不事权贵，受到梁州人民称赞。这就是"廉泉让水"典故出处。清代诗人黄作柽曾有《廉泉让水歌》一首，后几句为：

世风习贪诈，溪壑嗟难填。渴害心为害，尘襟谁涤涧？

我愿来此地，卜居远市廛。置身廉让间，仰企范柏年。③

---

①（清）丘逢甲：《岭云海日楼诗钞·选外集》，安徽人民出版社 1984 年版，第 338 - 339 页。

②（唐）李延寿：《南史》第 3 部，岳麓书社 1998 年版，第 767 页。

③ 汉中地区水利志编纂委员会编：《汉中地区水利志》，陕西人民出版社 1994 年版，第 335 页。

诗人对世风日下、贪诈横溢、欲壑难填、尘襟难涤发出愤叹，愿效法范氏超脱污浊，远离店铺集中的市区，置身此地，清廉做人。丘逢甲的诗是说，青山一角的世外桃源，就处于让水与廉泉之间。不妨向世人夸赞自己的宅院，南朝范柏年起到模范作用走在前面。自觉在廉泉、让水之间建署房舍，五百年了来占卜自己该怎么处世。满眼尽是风和波浪，生活或命运中遭遇的太多不幸或盛衰变迁，懒得去寻找可以停泊的渡口，心是始终安静不下来。倒不如在万里荷花间，读读书，逍遥自在，悠然自得。

光绪二十五年（1899）己亥春夏，丘逢甲继续在潮阳东山书院任教，同时又受聘兼任澄海景韩书院主讲。同年冬，丘逢甲毅然辞去了东山书院、景韩书院的教职，开始着手创办新式学堂——"岭东同文学堂"。学堂的办学宗旨："以兴起人才为先；兴起人才必以广开学堂为本。"① 字里行间，浸透着丘逢甲忧国忧民的赤子之情。丘逢甲还十分重视所招学生的思想品德，在《创设岭东同文学堂序》中规定"来学生徒，以志趣远大者为上，如性情浮滑，立心卑贱者，概不收纳。入堂后如有不遵教规，酗酒、嗜烟、告诫不听者，即行辞退"②。同时，为了使家境贫寒的有志青年能够入学深造，又观定"本学堂为广开风气起见，修金格外从廉"，学生进修送给教师的酬金特别低，"不分畛域，以广造就"。③ 由此可见，丘逢甲创办"岭东同文学堂"，意在培养救国救民的有用人才，在百年前，在科举旧制尚未废弃的时代，丘逢甲就能够提出并努力实践如此进步的教育思想，廉洁办学，注重学生道德修养，确实值得肯定和赞扬。

（四）尚俭戒奢，关怀民生

丘逢甲自幼生活在乡村塾师的家庭里，受清朴刚正家风的熏陶和艰苦生活的磨炼，对底层民众的生活有所了解。中进士后，无意仕途，辞归故乡，专意养士讲学，这又使他较有机会接近民众，对民间疾苦有所体察。

---

① 广东丘逢甲研究会编：《丘逢甲集》，岳麓书社2001年版，第784页。
② 广东丘逢甲研究会编：《丘逢甲集》，岳麓书社2001年版，第786页。
③ 广东丘逢甲研究会编：《丘逢甲集》，岳麓书社2001年版，第785页。

光绪十八年（1892），《台湾通志》总局正式开设，丘逢甲被聘为采访师，负责采访、补辑乡土故实，因此有较多机会深入民间，了解社会民情。内渡后，丘逢甲身为布衣，又受劣绅挤迫，更加接近群众，深入下层，了察民情。清政府为支付历次战争赔款，把沉重负担转嫁到广大民众身上，巧立名目，横征暴敛，大大加重了民众负担，加上水利建设长年失修，水旱灾害频繁，广大民众陷于空前的水深火热之中。丘逢甲深感自己一介布衣，济世有心，用武无地，无力解救民众。因此，丘逢甲只能通过诗词文章，表达他同情民众疾苦、主张廉洁节俭的思想感情。

丘逢甲少有诗名，早年在台湾曾写下《台湾竹枝词》[①] 一百多首，后来由于种种原因，流传于世的仅存四十首。它熔叙事、抒情、议论于一炉，对台湾的史地风情、生活风尚，都有具体生动的描述。其中揭露了鸦片泛滥，给台湾民众带来了深重的灾难，如：

> 罂粟花开别样鲜，阿芙蓉毒满台天。
> 可怜驵侩皆诗格，耸起一双山字肩。

一种可加工成鸦片的罂粟，花开出来是特别不同寻常的光鲜亮丽；这种称之为阿芙蓉的大烟，毒害了整个台湾的天地。可怜又可恶的毒品经纪人、市侩，说起罂粟花像说诗的格式、体例与诗的风格、格调一样头头是道，但是耸起了一双山字一样的肩膀，人体瘦削的样子很是难看。丘逢甲揭露了外国侵略者从肉体上、精神上麻痹、毒害中国民众的现象。同时，丘逢甲觉得台湾经济落后，粮食生产相当艰难，主因是苛捐杂税繁多和官员大肆挥霍，如"闻说花田重征税，花排花串价增高"。江浙一带称棉为花，棉田为花田。听说对棉田征重税，或是重复征税，或是随意加税，导致一排排一串串的花的价格不断增高，从而揭露了统治者不体恤民情的昏庸腐朽。又如"寻常一饭艰难甚，粱肉如山饷鬼门"。普通的百姓吃上一

---

① 广东丘逢甲研究会编：《丘逢甲集》，岳麓书社 2001 年版，第 12 页。

顿饭都甚为艰难；官绅家庭精美的膳食堆积如山，挥霍无度，情愿饷馈给鬼神，也不愿赏赐给贫民。大有跟杜甫诗"朱门酒肉臭、路有冻死骨"①遥相呼应的味道，从而衬托出丘逢甲廉洁奉公、勤俭节约的情感。

丘逢甲在台湾的家柏庄，距原住民同胞聚居的中部山区不远，对山胞的生活习俗有所了解，知道他们对台湾做出的不可磨灭的贡献。但是在历代封建统治者却把他们当作"化外之民"，对他们格外歧视，驻台官员或抚番官员对他们肆意敲诈勒索，为所欲为。丘逢甲对山胞的悲惨状况深表同情，曾作长诗《老番行》以记之：

牛困山前迎者番，为人结束能人言。

自云旧住麻薯屯，播迁以来今抱孙。

二百年前归化早，皇威震参临台岛。

……

仍占鸟语作耕猎，更验桐花定年节。

铭刻天朝累代恩，未敢杀人持寸铁。

……

日久深山无甲子，风生小海有波澜。

眼看番地年年窄，覆辙伤心话畴昔。

方今全山毕开辟，更从何处谋安宅？

……

可怜为熟不如生，衰落余年偏不偶。

夜半悲呼山月暗，哀思难向青天剖。

……

长官终有廉来日，故业可复安桑麻。

此歌聊向春山咏，东风开遍番楼花。②

---

① 陈伯海：《唐诗汇评》，浙江教育出版社 1995 年版，第 937 页。

② 广东丘逢甲研究会编：《丘逢甲集》，岳麓书社 2001 年版，第 83 页。

从《老番行》一诗可以看出，丘逢甲对原住民的生活、习俗、历史、现状等都颇为了解，对他们备受歧视盘剥的凄凉生活和濒临绝境的悲惨遭遇，满怀真挚的同情，呼吁抚番官员能体恤民间疾苦，拯救他们于水火之中。《老番行》是丘逢甲早期诗作中最富人民性的代表作之一，他恤民爱民之心和力促民族和睦友好之情，以及希望官员清正廉明、一廉如水的思想，溢于言表，感人肺腑。

丘逢甲不是显赫之家的官宦子弟，而是普通私学的塾师之子，长期跟底层民众有密切的接触，因而对农村凋敝破败、民不堪命现状，深感忧虑；对民众的生存环境、生活疾苦，感同身受；对官吏贪污受贿、徇私枉法，悲观失望；对官府繁苛重赋、横征暴敛，痛心疾首。在《台湾有虎谣》中，他这样描述：

> 台山乃无虎，无虎古相传。台山忽有虎，有虎来何年？
> 上不从九天，下不从九泉。千百豺与狼，拥之据山巅。
> 山亦有民园，山亦有民田。田园已就芜，樵苏且难前。
> ……台山瘴不开，哀哉有虎篇。①

这是一首感人肺腑的诗篇、一幅催人泪下的图画，明白如话，通俗易懂，苛政猛虎，令人心痛。台湾山上本无虎，无虎自古代代传。台湾山上忽有虎，有虎来自哪一年？上不听命九重天，下不追随到九泉（黄泉、阴间）。千百豺狗与恶狼，聚集占据高山巅。山上也有果蔬园，山上也有庄稼田。田园早已变荒芜，杂草丛生难靠前。……台山毒气散不开，悲伤痛惜有虎篇。丘逢甲揭穿了统治阶级对民众进行了残酷的压迫和剥削，沉重的劳役、繁杂的赋税、苛刻的政令，比老虎还要凶猛可怕，使得田园荒芜，百姓苦不堪言。表达了他关注国计民生、同情百姓疾苦、体察人间冷暖的济世情怀。

---

① 广东丘逢甲研究会编：《丘逢甲集》，岳麓书社 2001 年版，第 139 页。

面对自然灾害、沉重官赋给民众带来的深重灾害，丘逢甲在《热风行》中是这样描述的："……风吹稻苗焦又焦""……血渗田间万民泪。"灾害袭来，热风伴随着百万蝗虫，一眨眼功夫，赤地千里，老百姓辛勤劳作，血汗奋撒的成果，被蝗虫吞噬，颗粒无收，万劫不复，目睹惨况，万民泪下。"心痛秋成儿女号，田舍盘餐草根备。"面对秋天的收成，男女老幼，心如刀割，号啕大哭。农家的盘中食物，只能以野草树根做储备。自然灾害已经让人无法生活，但是人为祸患却接踵而来。"官租火急不可延，且脱残衫付质肆。寒虫上壁草根尽，城里何人尚歌吹。"官府的租税照样极其紧急不可延误，老百姓只能脱下残衫烂衣交给当铺。寒天越冬的昆虫都已经爬上墙壁，老百姓做储备的野草树根却已经渐渐吃完，而城里的官员们依然花天酒地、醉生梦死、夜夜笙歌。表达了他哀叹时世之艰难的宽广胸怀、鞭挞官府之横暴的悲愤情绪、怜惜人民之痛苦的高尚情操。

甲午战争失败后，为了支付巨额赔款和维系奢侈浮华的生活，统治阶级变本加厉地横征暴敛，肆意盘剥，使广大民众苦不堪言，再加上自然灾害持续不断，使广大民众处境艰辛惨不忍睹。丘逢甲在《述灾》描述了水患给广大民众带来的巨大灾难：

> 炎天久不雨，一雨遂泛滥。三江势俱涨，有地皆水占。
> 平乡水过屋，高市水入店。桑田尽成海，余者山未陷。
> 无堤能自坚，有稻不得敛。灾民露天宿，屡徙常倚担。
> 生者鹄面立，死者鱼腹殓。天心夙仁爱，忍使民昏垫。
> 无家百万人，仰视宁无憾。虽有泛舟粟，救死亦云暂。
> 来日良大难，安能久遍赡。平生愧禹稷，饥溺常在念。
> 彷徨起中夕，侧目江云暗。[①]

天气炎热，又很久没下雨，一下雨就泛滥成灾。所有的江河都水势上

---

① 广东丘逢甲研究会编：《丘逢甲集》，岳麓书社 2001 年版，第 594 页。

涨，所有的地方都被水侵占。平原地带水漫过房屋，较高地段水进入店铺。桑田都变成了沧海，剩余的是山未沉下。没有堤坝能坚如磐石，所有稻谷都不得收集。灾民露宿街头，屡次迁徙流离失所。活着的人如鹄延颈而立，盼望等待着；死去的人，尸体腐烂后，装入鱼的腹腔。上天之心恭敬宽仁慈爱，怎么忍心使得民众困于水灾？百万人无家可归，抬头向上看难道没有悔恨失望？虽然还有船在水上，沧海一粟微不足道，抢救生命垂危的人，也像浮云一样寥寥无几。将来的日子诚然有大难不死的人，又怎么能够长久普遍地周济帮助他们？然后引用《孟子·离娄下》："禹思天下有溺者，由己溺之也；稷思天下有饥者，由己饥之也，是以如是其急也。"① 有生以来愧对整治山川的夏禹与教民耕种的后稷，但是饥饿与溺水之事长久惦记在心。半夜里起来走来走去，犹豫不决，不知往哪个方向去；斜目而视，不敢正视，江边的云是一片惨淡的暗。丘逢甲满腔悲天悯人之怀，流露于字里行间。面对水患灾难给民众带来的痛苦，念及灾民流离失所的悲惨景象，丘逢甲深感自己济世有心、救人无力，大清王朝已经是病入膏肓、无可救药，怎么样才能挽救民众于水火之中，黑暗中他看不清楚方向。

这种同情人民疾苦、主张自奉节俭的思想感情，在丘逢甲诗中也时有所见。丘逢甲有一次收到挚友王晓沧带来的"香米"，粒粒如明珠般可爱，内心欣喜至极，连忙呼叫仆人从井里打水做午饭。但捧起挚友的信函，知道他要赴徐淮赈灾，想起灾民穷困流离、剥食树皮的惨象，却涌起无限的忧伤，在《晓沧惠香米，兼以诗贶，赋此为谢，并送之汀州》有以下几句：

> 颇闻被灾处，草木无根皮。不知饥民况，能再支许时？
> 念此不能餐，北望挥泪湲！作诗用报君，勉哉速驰驱。

---

① 夏延章、唐满先、刘方元：《四书今译》，江西人民出版社 1996 年版，第 464 页。

听说受到灾祸的地方，草木凋零无根无皮。不知道灾民的状况，能支撑到什么时候？惦记着这些事，再香的米饭都无法下咽，向北眺望，禁不住挥洒泪水鼻涕。写下诗篇在于告知挚友，互相勉励，策马疾驰，奔走效力，拯救灾民于水火之中。这充分表达了丘逢甲心系国计民生、情牵百姓安危的为民情怀。

丘逢甲也十分关注海外华侨华工的命运，同情他们为生活所迫而不得已漂洋过海到异国他乡的苦难经历，《新乐府四章》其四《济良所》：

> 济良所，济几何？长安落花日日多。
> 不忍落花付流水，欲落不落扶之起。
> 今日园中桃，昨日道旁李，还汝自由自今始。
> 噫戏乎嗟哉！羲轩子孙奴隶矣；
> 更复漂流海外作人豕，可哀岂独儿女子？
> 济良所，奈何许！

救济良民的慈善机构究竟能救济多长时间？长安的落花日日增多。不忍心把落花付之流水，对于将要落还未落的要扶之起来。毕竟今日园中之桃，就是昨日道旁之李，还你自由就从今天开始。噫戏乎嗟哉！但是伏羲氏和轩辕氏的子孙们只能做奴隶，漂流海外的华侨华工们只能作别人的猪，谋生异常艰辛，地位极其低下，令人悲痛的是他们都还只是小孩童。救济良民的慈善机构，怎么办？丘逢甲发出深深呼喊，催人泪下。

丘逢甲逐渐认识到，朝政昏暗，小人当道，外患频繁，天灾人祸接踵而来，是导致灾难不断、广大民众流离失所的重要原因。在《春尽夜，次韵寄答实甫》写道：

> 处处闻饥复闻乱，年年忧雨更忧晴。
> 读书误我成迂叟，呼酒凭谁迫老兵。

到处听说闹饥荒，又到处听说是战乱。年年忧愁下雨患水灾，更加忧愁旱灾没有雨。读书耽误了我，使我成为迂拙的远离世事的老人；快拿酒来，还有谁会问，硬逼我这老兵回答，尚能喝酒吗？丘逢甲借用了"凭谁问，廉颇老矣，尚能饭否"的典故，抒发了自己的一腔悲愤之情，对自己得不到重用而大声呐喊，表明自己依然要为国效力、为民服务。

丘逢甲认为，统治阶级巧立名目，强征暴敛，更兼吏治污浊，水旱灾害频繁，使中国人民陷于空前的苦难之中。在《和晓沧买犊》有以下几句：

> 黄河决山左，饥民遍淮徐。耕牛已宰尽，皮角不复余。
> 使者尔北来，治河策何如？治河无上策，荒政无完书。

丘逢甲痛斥统治阶级修建治理水利工程没有好办法，遇到荒年时没有完善的救济措施，导致饥民流离乞讨，背井离乡，耕牛宰尽，皮角不存，社会生产力极大破坏。这充分体现了丘逢甲对百姓疾苦的关心，寄予了自己对老百姓命运的深切关注和同情。

在内外反动势力残酷压榨下，人们走投无路，铤而走险的民众越来越多。丘逢甲《山村即目》之三：

> 山田一雨稻将苏，村景宜添七月图。
> 鸡犬惊喧官牒下，农忙时节吏催租。

本来在荒僻山村，一场雨水过后，水稻即将苏黄，农村景色又增添了丰收的图画。农家一年辛苦，七月是丰收在望的季节。可是，官吏爵禄的文书下来，惊动吵闹得鸡犬不宁，农事最繁忙的时节，官吏却在催缴着地租。丘逢甲深刻地揭露出官府不顾农民死活，只知搜刮民脂民膏，通过描述丰收景象与官吏催租的尖锐对比，表达了对农民命运的深刻关怀。丘逢甲在《戊申广州五月五日作》中这样描述：

年来民穷盗益多，群盗如毛不可栉。

民言官苛迫民变，官言革命党为孽。

彼哉革命党曷言，下言政酷上种别，

假大复仇作桀揭。横从海外灌海内，

已近洪流不可绝……

因为民众贫穷导致盗匪日益增多，盗匪如毛不可剔除。民众认为吏治苛虐、租税繁重，必然会导致官逼民反、民变蜂起，清王朝统治者把责任归咎于革命党人的恶意煽动。而丘逢甲则认为，革命党人为什么起来反抗，从下而言是吏治苛虐，从上而言是清王朝的种族压迫。在国内民众抗暴斗争基础上孕育起来的反清革命思想正深入人心，同盟会党人由海外回国广泛宣传鼓动，全国各地反帝反清的革命洪流，任何势力也阻遏不了。面对一盘散沙的世态情状，丘逢甲写下《晨起书所见》：

一雀噪未已，百雀噪而随。雀亦有侠肠，不忍同类危。

群雀御独鸦，力小心则齐。竟令远引避，不敢复来窥。

丘逢甲借群雀合力驱鸦的生动形象，表达了勠力同心、拯救民族危亡的可贵思想。而以孙中山为首的同盟会党人，正是唤醒民众、振兴中华、倡行民族大义的新兴力量。他热情歌颂了孙中山领导的辛亥革命改变了中国的命运，欢呼"中国睡狮今已醒，一吼当为五洲主"的巨大变化。

武昌首义成功，临时政府定都南京，丘逢甲应邀参与筹备工作，当选为中央参议院议员。他在随孙中山先生拜谒明孝陵时，欣然命笔赋诗，写下《谒明孝陵》直接讴歌辛亥革命的胜利：

郁郁钟山紫气腾，中华民族此重兴。

江山一统都新定，大蠹鸣笳谒孝陵。

香气浓郁的钟山，紫气东来，龙腾虎跃，象征着中华民族从此复兴。中华民国刚刚定都南京，统一国家；举起大旗，吹奏箫笛，丘逢甲他们怀着无比喜悦的心情拜谒明孝陵。这时，丘逢甲已经从同情民众命运转变为支持民众反清，从赞成维新改良转变为参加民主革命，表明了丘逢甲看到中国蓬勃发展的革命事业，对未来充满信心和希望。

七、丁日昌

丁日昌（1823—1882），梅州丰顺县人，近代洋务运动主要代表人物和近代中国四大藏书家之一，历任海南琼州府儒学训导、江西万安、庐陵县令、苏松太道、两淮盐运使、江苏巡抚、福州船政大臣、福建巡抚等职。

迄今为止，学术界对于丁日昌的思想研究主要集中于他的改革思想、洋务思想、海防思想、外交思想、经济思想等方面，较少涉及其廉洁作风。廉洁不仅是官员克己奉公、廉洁不贪的道德义务与品德，而且是中华传统优秀文化之精华，中国共产党人始终是中国优秀传统文化的忠实继承者和弘扬者。晚清时期，丁日昌为官从政 25 年。作为一代名宦、中兴名臣，丁日昌正是近现代客籍名人廉洁文化中的杰出代表之一。取其精华，汲取营养，对目前新形势下加强党风廉政建设具有重要的借鉴意义。

笔者对于丁日昌廉洁作风的研究一方面可以拓展对丁日昌研究的学术空间，另一方面可以弥补丁日昌廉洁作风研究的不足。

本文针对丁日昌在为官期间提倡清正廉洁、严惩贪官污吏，平反冤狱、清理积案，剔除陋规积弊、蠲减苛捐杂税，注意治水促耕、抢险救灾等廉洁作风进行研究。研究内容主要集中在以下几个方面：民心为本的廉洁作风，节俭抑贪的廉洁作风，为官清正的廉洁作风，选贤任能的廉洁作风。

（一）丁日昌民心为本的廉洁作风

坚持民心为本，把人民的呼声作为第一取向。人心向背，是决定一个政权兴衰成败的重要因素。领导干部为人民掌好权用好权，必须始终坚持人民的利益高于一切的价值取向，把人民拥护不拥护、赞成不赞成、高兴不高兴、答应不答应作为开展工作的根本要求。

丁日昌在任期间清正廉洁，励精图治，爱民如子，政绩斐然，深孚民望，颇得朝廷的重视。"丁日昌的言行是顺乎民心的。他认为要得民心，必须肃清吏治，解民困、甦民生，恢复人民元气。"① 丁日昌认为："欲消弭外患，必先固结民心；欲固结民心，必先整顿吏治。"吏治为民心根本，"故欲御外侮必先结人心，欲结人心必先清吏治，非严令则法不能变，非重赏则令不能行。"

咸丰七年（1857），丁日昌选授江西万安县知县。当年九月，丁日昌来到万安县任职，坚持民心为本，清查陋规，安抚民众。"万安当水陆要冲，兵燹后邑无完卵，民多失业，疮痍满目，抚字劳心。白梅、土陂、窑头、百嘉等处于军务倥偬之际私设厘卡，扰害商民，又有借助饷而科派中饱者、诬从逆而恐喝得钱者、持军需宿费而滋累铺户者、结无籍游勇而劫夺闾阎者。府君为吁陈大府，规画周详，撤私卡以苏残黎，禁诬索以安良懦，销废票以纾积困，劝团练以资守望，严关防，抚流亡，勤课士，除衙蠹，而民气为之一复。"

同治七年（1868），丁日昌出任江苏巡抚，坚持民心为本，着力查吏安民。当年二月二十一日，丁日昌甫到任，即亲自出省巡行，"察看各州县词讼有无积压，钱粮有无浮收，未垦田亩如何议招徕，失修水利如何议开浚，必使民隐可以上达，然后民困可以渐苏。厘捐为饷源所自出，约束不严，员役易滋弊窦，臣当沿途察访，严杜中饱，以体恤为招徕，庶上可裕饷，而下不累民。"②

丁日昌民心为本的廉洁作风主要体现在爱民和重民之中。"臣尝独居深念，以为今日欲图自强，不外爱民、练兵二事。"丁日昌认为："牧民为亲民之官，天下皆州县之积，牧令贤则州县治，州县治则天下治矣。方今

---

① 丁焕章：《评丁日昌筹办海疆防务的思想主张》，《社会科学》，1987年第3期，第68页。
② 赵春晨编：《丁日昌集》，上海古籍出版社2010年版，第14页。

丁日昌

圣天子亲总万几，励精图治，凡有官守之责者，皆宜恪恭尽职，勤政爱民。"丁日昌又说道："常言天下事坏于泄沓，思有以矫之。每当夜阑秉烛，案牍高可隐人，靡不亲自稽核。每阅至百姓枉屈不伸，或受书差凌虐，辄歔欷太息，悽然泪下；或见勤政爱民诸事，则呼幕僚共赏。时日昌甫强仕，不半年须发已尽白矣。"①

丁日昌民心为本的廉洁作风体现在亲民信民之中，只有百姓相信官吏，官不厌民，民不怕官之时，民心可用，才能有所作为。丁日昌认为："信而后劳，信字兼有教养二字在内。今之牧令，多系任用门丁、书差，事事与民心相拂，百姓或以为虎狼，或以为蛇蝎，试问虎狼蛇蝎，百姓肯亲而信之乎？惟有清理词讼，速审速结，巡行阡陌，劝农劝桑，有益于民者兴之，有害于民者除之，必使官之于民时刻痛痒相关，视同骨肉，有缠绵不可解之谊，然后民之与官视同父兄、师长，有固结不能舍之情，参一分权术不得，参一分虚伪尤不得，上下既已相孚，岂有不令如流水者乎？来牍云欲劝设义学，虽是善举，然官民未能相信，差役分送谕单转恐有需索饭食之事，不如俟官民可以时常见面，官不厌民、民不怕官之时，然后当面开导，庶几不致枘凿。"② 正是由于坚持民心为本的廉洁作风，丁日昌为官时，常常"秉烛治书、钩稽案牍，往往穷数日夜之力，闭户冥搜，倦极则伏几稍憩，不半时又蹶然兴，呼水盥讫，翻阅如初，用能呼吸相通、无微不入，苍黎疾苦，千里如在目前，虽远阕莫能期也"。③

丁日昌坚持民心为本的廉洁作风体现在对于贪官污吏和地痞棍徒百般骚扰、讹诈平民百姓进行严厉打击。丁日昌对贪官污吏、虐民佐杂深恶痛绝，他一贯坚持整顿和严惩。④ "照得鱼花一项，产自外江，种蓄内地，乃苏浙乡民一大生计。每届春深，各处商贩不远千里，前往九江、芜湖等处，购买贩运。惟鱼子初生，细若针尖，端赖水活船行，生机畅遂，稍有

---

① 赵春晨编：《丁日昌集》，上海古籍出版社 2010 年版，第 1627－1628 页。
② 赵春晨编：《丁日昌集》，上海古籍出版社 2010 年版，第 626 页。
③ 赵春晨编：《丁日昌集》，上海古籍出版社 2010 年版，第 1610 页。
④ 吴福环：《丁日昌的"民心为本"思想》，《上饶师范学院学报》，1987 年第 3 期，第 39 页。

阻滞，立即变坏。兹本部院访闻上年鱼花船只路经徒阳、武阳，并江口、横越二闸、谏壁、越河、辛丰等处，仍有营汛弁兵、关卡勇役及闸夫、地痞人等，暗中留难，沿途需索，以致鱼花船只视为畏途，殊堪痛恨！现届春融，苏浙乡民瞬必前往外江贩运，亟应严行申禁，以利遄行而重树蓄。除札宁苏两藩司暨各关局，通饬所属地方营汛、关口、局卡，认真访查，严拿究办，并咨黄李军门一体示禁，转饬所部派防师船妥为照料外，合亟出示严禁。为此示，仰沿途营、汛、卡弁、兵、勇、役及商贩人等，一体遵照。自示之后，凡鱼花船只，经过关口、厘卡、营汛地方，无分昼夜，随到随放，不准片刻耽延。在该员不过多费一番心事照料，在百姓生计即少一分折阅。倘再有营兵、勇役及地匪、土痞人等，仍敢如前需索留难阻扰，许该商民就近指禀地方官，立即查拿，尽法惩治。"①

海塘是人工修建的挡潮堤坝，亦是中国东南沿海地带的重要屏障。江苏紧邻江海，潮汛无常，海塘大堤事关沿海百姓的生死存亡。"松江海塘关系苏、松各属田庐民命，向至八月大汛，潮势汹涌，塘工尤觉吃紧异常。臣于八月初四日驰往阅视，自八段以至十二段尚无他疑，惟四段、七段护土坦坡经风潮冲嚣，全行倾卸，石塘孤露，时有陷动。现拟于二段新工完竣后，接续兴修。臣严饬在工委员钱宝清等认真办理，不得偷减克扣，一面谕该府县杨永杰、张泽仁轮流驻工督察，以免委员呼应不灵。"②

丁日昌为官期间，坚持民心为本，对关系民生疾苦的水旱灾害，积极进行赈灾减灾等补救措施。"臣等伏查江淮等属各州、厅、县、卫本年秋收歉薄，勘不成灾及抛荒田地情形，已据该管道、府、州暨印委各员查勘明确，本年应征新旧钱粮，自应分别蠲缓。合无仰恳天恩，俯准将上元、江宁、句容、溧水、高淳、江浦、六合等七县中之失收田地抵征下忙三分之二钱文免予征收；其未垦荒田，同江都县五台山等处、仪征县捺山坊、岳家山等处压废抛荒各漕田应征同治七年上下忙钱粮，仍请蠲免；扬州卫坐落江都、仪征二县屯田，随同民田一律办理；其山阳、阜宁、清河、桃

① 赵春晨编：《丁日昌集》，上海古籍出版社 2010 年版，第 447 页。
② 赵春晨编：《丁日昌集》，上海古籍出版社 2010 年版，第 35 页。

源、安东、盐城、高邮、泰州、东台、江都、甘泉、仪征、兴化、宝应、铜山、丰县、沛县、萧县、砀山、邳州、宿迁、睢宁、海州、沭阳、赣榆、通州、泰兴、海门等二十八州、县、厅及淮安、大河、扬州、徐州四卫勘不成灾歉收田地，应征同治七年地丁等项钱粮，概请缓至同治八年秋成后，分作二年带征；该州、厅、县并卫屯漕及芦课、学租、湖河滩租、杂办、杂税、津贴增租、摊征河银，并徐州府属新滩、王平庄河工、出借籽种、口粮、新升地亩芦苇、牧马草场、复赋召变筹饷等款，以及抄案入官地亩错杂民田之内，俱照坐落地方一律分别查办。盐场灶地应听盐政衙门办理。淮扬等属减则芦苇田地并海州属一水一麦减则田地应征钱粮，请照历届成案一律缓征。"① 同时，丁日昌在江苏任职期间，先后奏请并亲自主持兴修了一系列水利工程，其中影响较大者有疏浚浏河、修筑华亭海塘、开白茆河等三大工程。光绪元年（1875），丁日昌授福建巡抚，兼督船政。丁日昌曰："既莅事，会霪雨，城内水逾丈，躬散赈，口煦手拊，卵翼备至，全济灾民数十万。众感泣，金曰：'活我者，丁中丞也。'"

由此可见，丁日昌在赈灾和治水期间，仍能体察民情，与民休息，这些均是他民心为本的廉洁作风的重要体现。

丁日昌坚持民心为本的廉洁作风，还表现其在赈灾时的未雨绸缪，即灾前的预防和灾后的补救。"查明被水难民，给发口粮；倒坍房屋，给银修建；其伤毙人口无力收埋者，官为给资。至福州就地产米无多，向赖外来米石接济，今猝遭水患，商贩不前，米价骤昂，贫民买食维艰。臣等先已筹款，商由督办船政事务三品卿臣吴赞诚派拨轮船，驰赴厦门采买米石，一面酌议章程，碾动仓谷，设厂减价平粜，并派员赴各路招徕商贩，源源运济。"②

丁日昌坚持民心为本，亲力亲为，在治理江河洪涝灾害期间经常亲临一线，不辞辛苦，鞠躬尽瘁。丁日昌曾"驻清水潭督工数月，亲持畚插，以身先之。乃合龙，水溜湍急，人力难施，夜大雪降至二尺许，乘冻集人

---

① 赵春晨编：《丁日昌集》，上海古籍出版社2010年版，第43页。
② 赵春晨编：《丁日昌集》，上海古籍出版社2010年版，第117－118页。

夫赶筑，大工告成，农桑复业，至今赖之"①。光绪二年（1876）五月和光绪三年（1877）五月，福州先后两次发生水灾，丁日昌都抱病亲自督饬地方官吏抢救。据《显考禹生府君行状》载："府君抚闽后，值夏间，淫潦不时，山涨陡发，城内水逾丈，荡析离居，哀鸿惨目。府君督属吏泅水购船，出没洪涛中，拯溺人无数。城根蛰动，饬标兵趁势抢筑，令员弁撤塞城屋，城堞支搭篷寮遮蔽风雨。饥民盈万，唾溺臭秽不可近，府君露立城上六昼夜，口煦而手拊之，躬亲放赈……闽民谈及拯恤情形，咸云生死人而肉白骨者，中丞也！往往有泪随声下者。"②

丁日昌坚持民心为本的廉洁作风，还十分关注民间风气并因地制宜转化风气。"臣愚以为欲消弭外患，必先固结民心；欲固结民心，必先整顿吏治。故于所属州、县来见，辄告以民、教交涉事宜，但据理公断，不得意存成见，致教民稍占便宜；亦不得故意推抑，致彼族有所藉口。"③

（二）丁日昌节俭抑贪的廉洁作风

勤俭节约是中华民族的传统美德。节俭和廉洁是一种理念，更是一种行为规则。勤俭节约是廉洁的开端，以节俭助廉洁，以节俭抑制贪欲，只有勤俭节约，才能廉洁自律，这是中国传统廉洁思想的重要内容。

廉洁是从政的根本，有一种无穷的号召力。丁日昌是广东梅州的客家人，客家家教中的"节流开源"的节俭思想和"历览前贤国与家，成由勤俭败由奢"的古训，在丁日昌的节俭抑贪的廉洁作风中也有重要的表现。丁日昌在任为官期间，秉公守法，选贤让能，裁免陋规。他曾言："居官之所恃者在廉，其所以能廉者在俭。"

丁日昌节俭抑贪的廉洁作风首先表现在以节俭为本。他指出："惟是衣食乃生民之源，保家以节俭为本。疮痍当甫起之后，培元以风俗为先。念匕鬯之惊心未远，纵有宴会，毋过每食四簋之仪；睹流亡之裸体堪怜，

---

① 赵春晨编：《丁日昌集》，上海古籍出版社 2010 年版，第 1610 页。
② 赵春晨编：《丁日昌集》，上海古籍出版社 2010 年版，第 1612 页。
③ 赵春晨编：《丁日昌集》，上海古籍出版社 2010 年版，第 64 页。

即日衣冠，勿作彼都人士之态。凡兹品类，咸安古风。省日用以恤贫苦亲邻，人怀其惠；循本分而召和平气象，敬胜者昌。为此示，仰地方绅民、铺户、胥役人等知悉：嗣后一切服食起居，务各崇尚俭约，力改前辙。倘仍习焉不察，此则法所必惩。"① 他曾多次教导属下官吏，"惟以勤俭二字互相勉励。盖俭则不贪财，勤则不废事，皆系循吏根基，不可视为迂阔"②。丁日昌曾教导沭阳县令厉行勤俭节约，"沭阳地方极苦，民情又刁，该令当先以勤俭为本"③。针对江南官场奢靡之风，丁日昌指出："嗣后各宜念稼穑艰难，以俭养廉，勿为饕餮。即或以礼肃宾，亦只得五簋八碟，毋庸过求丰腆。并当一体晓谕百姓，崇俭黜奢……愿诸君为自身惜福，为国家惜饷，为闾阎惜财。"④

丁日昌出身贫寒，自幼养成勤俭节约的好习惯。"家贫，随三伯父课读在外，断齑啜粥，俭啬饔飧，以助甘旨。书舍距家数里，日必归省，虽晦明风雨无间也。"⑤ 他为官时仍然坚持勤俭节约，所到官场风气为之一新。丁日昌"于九族内外间敦睦任恤事无不为，而自奉极俭约，夏一葛，冬一裘，率黯敝无华色。自游幕至抚吴时，衣不给辄向市肆购，未尝新制一领，吴中僚吏裘履翩翩之风为之自革。"⑥

丁日昌节俭抑贪的廉洁作风又表现在重视开源节流，少借外债。他曾言："中国不自整顿利源并为节流之计，但向外国借债，已属漏脯充饥，所借息钱亦属太昂，积少成多，日久遂成巨款。"⑦

丁日昌节俭抑贪的廉洁作风还表现在重视整顿吏治，严惩贪官污吏。他曾言："整顿吏治，宁使一家哭，勿使一路哭。"⑧ 他又建议"钦派公正而兼明白之大员数人分巡各省，认真举劾，将贪污之吏一扫而空之"⑨。

---

① 赵春晨编：《丁日昌集》，上海古籍出版社 2010 年版，第 258－259 页。
② 赵春晨编：《丁日昌集》，上海古籍出版社 2010 年版，第 577 页。
③ 赵春晨编：《丁日昌集》，上海古籍出版社 2010 年版，第 633 页。
④ 赵春晨编：《丁日昌集》，上海古籍出版社 2010 年版，第 413 页。
⑤ 赵春晨编：《丁日昌集》，上海古籍出版社 2010 年版，第 1608 页。
⑥ 赵春晨编：《丁日昌集》，上海古籍出版社 2010 年版，第 1616 页。
⑦ 赵春晨编：《丁日昌集》，上海古籍出版社 2010 年版，第 1010 页。
⑧ 赵春晨编：《丁日昌集》，上海古籍出版社 2010 年版，第 212 页。
⑨ 赵春晨编：《丁日昌集》，上海古籍出版社 2010 年版，第 212 页。

江苏虽为富庶之区，但吏治也是十分腐败，丁日昌曾言："江省吏治之不可问，至今日而已极，如人乘敝船而入深渊，骑病马而下危坡，露全体而就蛇蝎，不溺则漏，不损则坠，不毙则伤。"① 有鉴于此，丁日昌在江苏为官期间，时常密查地方官的政绩。"查该地方二十年内官员，何任最为廉明，何任最为贪酷？廉明者有何实政，贪酷者有何劣②迹？众人毁誉，是否相同，抑系绅毁民誉，书差毁而百姓誉？该官员卸事后，是否在省候补，抑已升调他处？"③

　　丁日昌严厉打击江苏沛县贪污差役。"该县差役，倚恃衙门，贪横不法，平日遇有讼事，多方讹索，固不待言，若地方一报命案，本官相验下乡，即为该差役等大作威福之时，非但择肥而噬，而且远近居民挨户搜索。即如刘瞪致死伊母舅孟玉文一案，该县前往相验，原差赵振强拉李太和作为干证，令地保郭喜科派邻佑至九家之众，讹索至六十七千之多，似此纵容婪委，贻害地方，伊于胡底？赵振在押病故，已据验详，此案原差尚有何人？合亟札饬。札到该县立即查明，提同地保郭喜，研究明确，迅将勒派钱文如数追出，一面禀候本部院将被派邻佑姓名、钱数清单札发，以便传集邻佑人等，当堂按名给还。并将该差、地保严行责惩。"④ 针对地方州县书吏贪污勒索等陋规，丁日昌在严厉打击的同时，也制定了一系列措施，革除弊政。他指出："州县书吏蠹弊应革二条：一是江省各州县向值开征丁漕时，签点户书经承均有陋规，应一体裁革，以杜需索百姓之渐。其书吏向来有串票、水脚钱诸名目，亦一体裁革，违者严究。书吏饭食即由州县丁漕公费内拨给一分，无漕者二分。二是书吏如有藉口银色低潮，或加秤浮收，均准花户到该管本府喊究。州县知情容隐或不及觉察者，照例查办。"⑤

　　丁日昌在为官期间严惩贪官污吏，平反冤狱，清理积案，剔除陋规积

---

① 赵春晨编：《丁日昌集》，上海古籍出版社 2010 年版，第 1029 页。
② "劣"原作"实"，据《百兰山馆政书》卷五校改。
③ 赵春晨编：《丁日昌集》，上海古籍出版社 2010 年版，第 589 页。
④ 赵春晨编：《丁日昌集》，上海古籍出版社 2010 年版，第 693 页。
⑤ 赵春晨编：《丁日昌集》，上海古籍出版社 2010 年版，第 1042 页。

弊，并且有针对性地制定各种规章制度，逐步形成了自己一整套的吏治廉洁作风。同治七年，丁日昌在"任苏省布政使、巡抚时整饬吏治之急、严，使江苏政象为之蔚然一新"。① 他认为："官民隔膜，吏治日颓，亟应从严查禁，以苏民困。臣在苏州藩司任内明定章程，通饬所属，将自理词讼、禁押人犯按月造册呈报，由司随时抽查。并饬各州县特设大粉牌一面，悬挂衙署头门之外，将管押人犯姓名于牌上逐一开列，注明某月日因某案管押字样。其讯释者，即于牌上开写某月日省释，或交保字样。若无管押人犯，亦即据实书明，使民间共见共闻，差役无从舞弊。一面出示晓谕，如有其人被押而牌上无名，或牌上写明业已开释，而尚未放回者，准家属喊禀，以凭查究。半年以来，私押之风为之尽绝。"②

丁日昌节俭抑贪的廉洁作风还表现在经常微服出访，打击贪官污吏。他"时时微服潜行城乡间，凡州县之一举一动、衙蠹土恶之有累于民者、一囚之或系或释与牌根不符者、钱漕征收之匿示浮收者、尸场之需索者、驿站埠头之藉端讹人者，虽在僻远，必诇知之无能稍欺隐。宝应王文勤公凯泰曾有致府君书曰：某去年春夏间养疴吴寓，常以小舟往来城乡间，茶亭茅舍，偶尔憩息，犹闻父老传述德政，津津不倦。彼不知某为何人，而某闻之则已心醉。见一地棍以红糖水碰人倾泼，讹索乡愚，旁一人曰：'丁大人在此，尔何敢为？'某询丁大人何人？答以带大墨晶眼镜者是也。迨北渡瓜口，有一船埠头讹索小船费，旁一士人叹曰：'丁中丞微服至扬州，遇一船埠头讹船户，立交地方官重责千板，从此敛迹。'"③

丁日昌在江苏任内两年，处理积压案件多达二十七万宗。他"励精淬神，洞烛幽隐，抉剔弊丛，芟锄豪猾，奋然独断，一片血诚，外不顾群议之动摇，内不计一身之劳苦，在吴二年，始终如一日。前后清厘积案至二十七万余起之多"④。因此，继任的沈葆桢发出了由衷的赞叹："禹（注：

① 丁旭光：《丁日昌的政治性格》，《广东社会科学》，1987 年第 1 期，第 71 页。
② 赵春晨编：《丁日昌集》，上海古籍出版社 2010 年版，第 21–22 页。
③ 赵春晨编：《丁日昌集》，上海古籍出版社 2010 年版，第 1615–1616 页。
④ 赵春晨编：《丁日昌集》，上海古籍出版社 2010 年版，第 1610 页。

丁日昌，字禹生）帅抚吴时，各属州县合眼开眼，总若见一抚台在前，莫不兢兢自守。"①

丁日昌在后来担任福建巡抚任上同样严厉打击贪官污吏，整顿吏治。他上奏朝廷："是欲苏民困、整风俗，必以饬吏治为先，而积习已深，非择尤参办不足以资警惕……查福清县知县魏弼文在任年余，人命词讼案件积压累累，按月册报匿漏甚多。其管押人证，历经前任抚臣查照臣前在江苏办理成案，通饬将姓名悬挂粉牌，原以杜私押之弊，乃该令竟不遵照悬挂，私押二十余名至一二年之久，不办不释。内有王昆盏一名，被押拖毙，捏报为交差管带之犯，图掩私押匿报之咎；又有县民薛希煌、余毓地等命案二起，均迟至半年始行详报，案内凶犯迄无获到一名。臣履任后收阅呈词，指控该县丁胥、差役舞弊需索者纷至沓来。身膺民社而似此泄玩，实所罕见！除行司先将该令撤任，委员密查私押人数，一面提拿被控门丁、胥役解府彻究外，相应请旨将同知衔福清县知县魏弼文先行革职。"②

光绪二年（1876），丁日昌将侵吞炮台工费的候补知府凌定国革职追办。"臣等伏查，洋式炮台事属创始，苟能滴滴归源，原不能限定价值之多寡，而安平为全台保障，事关军工要务，宜如何竭力经营，杜虚糜而求实济？乃该员凌定国于两年来办理此项要工，竟敢肆其侵蚀，即按照夏献纶所删浮冒各款，已有一万四千余两之多，勒限追缴，一味逶延。似此贪劣之员，若不严参惩办，台事何由起色？"③

丁日昌节俭抑贪的廉洁作风也表现在对台湾府吏治腐败进行整顿，严查贪官污吏。丁日昌在台湾进行的吏治整顿采取了一套切实可行的办法，也取得相当的成效。④

台湾嘉义县知县何銮因贪污被丁日昌上奏朝廷革职。"台湾吏治黯无

---

① 丁君：《丁日昌的为官之道》，《人民之声》，2001 年第 3 期，第 45 页。
② 赵春晨编：《丁日昌集》，上海古籍出版社 2010 年版，第 134－135 页。
③ 赵春晨编：《丁日昌集》，上海古籍出版社 2010 年版，第 122 页。
④ 林其泉：《略论丁日昌在台湾的吏治整顿》，《厦门大学学报》（哲学社会科学版），1992 年第 2 期，第 42 页。

天日，牧令能以抚字教养为心者不过百之一二，其余非性耽安逸，即剥削膏脂。百姓怨毒已深，无可控诉，往往铤而走险，酿成大变，此台湾所以相传"无十年不反"之说也……何銮到任后，收受书吏税契陋规，不惟不肯酌减，且欲多增……臣查嘉义税契浮收至重，新官到任，书吏必有点规，从前四五千圆，近年竟加至一万余圆，而书吏转攫之于民者，又不啻倍蓰，以致一官新至（正），势必税差四出，隳突叫嚣，鸡犬无声，民不安枕。杨宝吾前因催收税契，酿成命案，甫经查办，而何銮委署此缺，复敢尤而效之，若不认真严劾，民困何由得苏？吏治何由得肃？"①

丁日昌严厉惩办台湾县役林升欺诈乡民，索取钱财，正是丁日昌节俭抑贪廉洁思想的具体体现。"台湾远隔重洋，吏治黯无天日，衙役倚恃官势，吓诈乡里，所欲不遂辄即私押勒索，被害者往往卖妻鬻子、破产倾家，实堪痛恨！臣顷巡视台南回郡，沿途访闻台湾县役林升，从前本系贼党，充役后遇事索诈，众怨切齿，当饬该县密拘到案讯办。旋据台防同知兼理台湾县事孙寿铭禀复，以林升充役有年，乡民被诈者指不胜屈，且查其家资颇富，自系索诈民财以填欲壑，应即尽法惩办，以儆其余。随经批饬台湾道夏献纶提讯明确后，即将该蠹役林升一名立毙杖下。其时万众聚观，咸谓地方从此除一巨害，无不同声称快。"②

（三）丁日昌为官清正的廉洁作风

公生明、廉生威。为官者，清正是两袖清风，是公平诚信，是正直无私。领导干部要严格廉洁自律，堂堂正正做人，干干净净做事，不以公权谋取私利，始终保持清廉的本色。丁日昌为官清正主要表现为整顿吏治、清理词讼等方面。在晚清洋务运动中，他敢于担当，每任一职，每到一地，总要克服困难，干出一番事业。③

---

① 赵春晨编：《丁日昌集》，上海古籍出版社2010年版，第137－138页。
② 赵春晨编：《丁日昌集》，上海古籍出版社2010年版，第167－168页。
③ 赵矢元：《"讲求洋务罕出其右者"——读〈丁日昌评传〉》，《近代史研究》1989年第4期，第293页。

丁日昌为官清正，尽管认识到吏治整顿颇难，但是仍然很有信心。他认为："夫欲靖外必先治内，治内之道，莫如整顿吏治；整顿吏治之方，莫如优其公取而禁其私赃……拟请裁减无益之官，于京中实缺人员有事可办者，皆量其出入，酌增养廉；外官则令其开具额外无名之费，丝毫皆挈归公家，酌量多寡，明定章程，准作养廉。其非得分之赃者，皆峻其罚，禁锢终身，如唐宋锢贪之法，庶廉耻立而后法度可行，吏治醇而后民情可固。衙门胥役，亦办事必不可少之人，尤宜精其选而厚其糈。其有侵欺讹索者，立置重典，即有衙蠹，亦必奉法惟谨。其盐磋、关权、厘捐三者，为国用之所自出，尤当严定赏罚。"① 一言以蔽之，丁日昌整顿吏治的措施主要是厘定制度，认真查核和及时奖惩。② 他认为，要自强必须先整顿吏治，整顿吏治必须严刑峻法和及时奖赏。"故欲御外侮必先结人心，欲结人心必先清吏治，非严令则法不能变，非重赏则令不能行。"③

同治年间，丁日昌升任江苏巡抚。当时的满清官场，多为贪婪庸碌者充斥，吏治一片黑暗。为自勉及训诫各级官吏，他作一楹联贴于江苏抚衙朱红大柱上："官须呵出干来，若处处瞻顾因循，纵免刑章终造孽；民要持平待去，看个个流离颠沛，忍将膏血入私囊。"④ 他认为为官清正的要领是对普通百姓要宽仁，对书吏杂役要严苛。"临民以宽，驭书役以严，已得从政之纲领。"⑤ 他还强调："衙门外宽一分，百姓受一分之福；衙门内严一分，百姓受十分之福。"⑥ 可谓是丁日昌坚持为官清正廉洁作风的真知灼见。

丁日昌在江苏任职期间，为官清正，时常查访各州县。"查该地方官居心是否清正，办事是否认真，审断是否公平，民情是否感戴，百姓冤屈能否即时上达？每个告期约有多少呈状，每张要花代书戳式多少钱文？是

① 赵春晨编：《丁日昌集》，上海古籍出版社 2010 年版，第 1068 页。
② 何若钧：《丁日昌的改革思想与实践》，《华南师范大学学报》（社会科学版）1988 年第 3 期，第 32 页。
③ 赵春晨编：《丁日昌集》，上海古籍出版社 2010 年版，第 1070 页。
④ 赵春晨编：《丁日昌集》，上海古籍出版社 2010 年版，第 1186 页。
⑤ 赵春晨编：《丁日昌集》，上海古籍出版社 2010 年版，第 653 页。
⑥ 赵春晨编：《丁日昌集》，上海古籍出版社 2010 年版，第 653 页。

否本官坐堂亲收，抑系委员代收？亲收时有无当堂判断？本官出门，是否准收拦舆白禀？有无传呈坐差名目？传呈之费，约需若干？每月上控词讼、自理词讼，共有若干？每月已结若干，未结若干？本官下乡相验，地保如何办差？在邻佑派钱若干？城乡盗案，或多或寡？水陆程途，是否平静？捕役有无诬良为盗、屈打成招等情？均即详悉访明，开列备核。"①

丁日昌主政江苏两年多时间，为官清正，励精图治，仅清理积案就达二十七万多宗。清王朝为之诏示各省，以丁日昌为勤政榜样。

光绪年间，丁日昌在主政福建期间履行其职能时不以权谋私，办事公正廉洁的思想观念，也深得清廷最高统治者的肯定。光绪二年（1876），丁日昌署理福建巡抚，清政府认为："丁日昌向来办事认真，不避嫌怨，特畀以福建巡抚重任，系属为地择人。"② 丁日昌刚到任时的福建吏治十分腐败，百姓怨声载道。"闽省吏治日偷，牧令缺多瘠苦，但求以免过为了事，于民生之疾苦漠然不关于心。由是词讼之积压日多，牢狱之犯人几满，佐杂则擅受频闻，书差则惟利是视，官吏以百姓为鱼肉，百姓以官吏为寇仇。"

针对福建词讼严重积压，官员不作为的现状，丁日昌任福建巡抚后，痛下决心清理积案，以苏民困。"臣蒙恩简授福建巡抚，接任后即经严饬各属实事求是，勿得仍蹈从前积习。月余以来，披阅各属册报，类皆有名无实，积压之案仍多，审结之案甚少，且闻仿造、匿报之弊不一而足，即押犯亦多不列册、不挂牌者，深堪诧异！当经臣查出种种弊端，计闽县共匿报词讼一百余起，侯官、莆田二县各共匿报词讼二百余起，福清县共匿报词讼八十余起。虽内有前任未报之案，而各该县到任后不即据实补报，且蹈其覆辙，均难辞咎。又派员查点，闽县押犯匿报二名，侯官县押犯匿报十五名，福清县押犯匿报二十八名，南平县押犯匿报二十五名，此外晋江、建安、瓯宁、邵武、长汀、漳平等县词讼册报均多匿漏。以清讼安民之举，而视为故事具文，粉饰朦混，殊堪痛恨！访查各州县陋习，因词讼

---

① 赵春晨编：《丁日昌集》，上海古籍出版社2010年版，第589页。
② 赵春晨编：《丁日昌集》，上海古籍出版社2010年版，第109页。

据实禀报，倘结案不及成数，必干处分，是以每月必捏造审结若干起作为开除，既可避免处分，又可以结案之多，希冀上司保奖。故统一省月报册计之，结案已不下数万起，宜若讼狱可清，民困可苏矣，而各州县年复一年，案牍仍不少减，何哉？盖造入月报者皆口角细故之案，大半伪捏，其真案之不结者依然如故。是多一番防范，更多一番欺朦，若非于立法之初尽发其覆，择尤参处，无以祛锢习而儆玩延。除福清县知县魏弼文已另案参革，并再查明各县有无匿报词讼以及押犯悬牌不实，另行办理外，相应请旨，将调署闽县知县雷其达、署侯官县知县吴森、调署莆田县知县吴光汉、晋江县知县金锡蕃、署南平县知县胡益源、调署建安县知县郑启明、署瓯宁县知县费荩臣、邵武县知县顾玉琳、署长汀县知县蒋宝光、调署漳平县知县赖以森十员一并摘顶，勒限半年内将积压各案次第结清。"①

丁日昌出身贫寒，家世凋零，资格浅，家族声望低，② 早年长期在州县幕府中历练，对清朝民间疾苦和吏治腐败的状况有比较深刻的认识和感受。他认为吏治的好坏关系到一个国家的治乱兴衰，是根本性的为官要务，因此主张严厉打击贪官污吏，提倡为官清廉。他认为："词讼为小民身家所系，牧令必须随时清理，庶民隐得以上达，而狱讼不致滞积。"③

丁日昌非常重视清理狱讼，他认为："狱讼既为民生之所系，又是吏治好坏的突出表现。"④ 针对词讼案件对人民百姓生产和生活的影响，丁日昌一针见血地指出："词讼案件，动关百姓身家性命，书差、讼棍藉以自肥，弊端百出，为民父母者，若非廉明详慎，鲜不堕其术中，害民莫甚。本司查得各属期呈之外，尚有传呈、喊词，书差、门丁无不朋分陋规、有准无驳。又有绅董贴送禀词，虽不费钱，无非借势，以致无禀不准。此等恶习，强横者操必胜之权，庸懦者受无穷之累，甚至破家荡产、丧胆惊心，迨至虚实讯明，早已不堪其扰。其余无票私押、饰称原告、扭交值

---

① 赵春晨编：《丁日昌集》，上海古籍出版社 2010 年版，第 116–117 页。
② 邓亦兵：《试论丁日昌的洋务思想》，《史学月刊》，1987 年第 2 期，第 40 页。
③ 赵春晨编：《丁日昌集》，上海古籍出版社 2010 年版，第 33 页。
④ 方尔庄：《丁日昌的吏治观》，《汕头大学学报》（人文科学版），1991 年第 2 期，第 57 页。

丁日昌

157

日、投词计图、坐差勾串，所有扭交、坐差各名目，既禁传呈，更应一律禁绝。至书差因案需索，省城三县，凡被控之家，差役到门讲费，有暗号'一个钱'、'十个钱'等弊，他县情形谅亦相同。若不分别严禁究办，何以儆刁玩而安闾阎？"①

丁日昌还一再强调清理词讼的关键是缉拿讼棍。他指出："清理词讼，既须严禁书差，尤在查拿讼棍。一经获案，必须尽法惩治。若辈无不与书差朋比为奸，勿稍姑息庇纵。"②

丁日昌着力探索一套整顿吏治的有效途径——清理词讼。他曾言："臣以为欲求正本清源之计，必先清理词讼。词讼既清，则百姓不致受胥吏讹诈，可遂其耕田凿井之乐。臣现拟于署内设立清理词讼局，派选妥员，由税厘局酌给薪水，帮臣稽核。"③ 丁日昌清理词讼的规章制度性创造是："嗣后应将每月讼案，分别上控、自理、已结若干、未结若干，及在禁、在押各人犯监押年月久暂，摘录事由，分别管、收、除、在，开具四柱简明清册各一套，自五月起，于下月初旬呈送查核。"④ 经过丁日昌的大力整顿，江苏清理词讼效果斐然。"目前各州县词讼，均已饬令列入月报，凡已结、未结、注销、息销之案，一目了然，其讯销、息销不及成数者，各定处分。"⑤

盐运使是历朝的一个肥缺，不仅管理盐务，有的还兼为宫廷采办贵重物品，侦察社会情况，是当时能够大量搜刮民脂民膏的一个机构，两淮盐运司所属盐场乃全国最大盐产区。丁日昌在两淮盐运使任职期间为官清正，不但没有中饱私囊，搜刮民脂民膏，而且积极整顿盐务。针对盐务积弊，丁日昌在盐务的生产、运销和对盐官的奖惩等诸多方面均进行了一系列改革。⑥ "窃查淮南盐务，从前岸销疲乏，有盐患无销路，近则楚、西、

---

① 赵春晨编：《丁日昌集》，上海古籍出版社 2010 年版，第 388 页。
② 赵春晨编：《丁日昌集》，上海古籍出版社 2010 年版，第 388 页。
③ 赵春晨编：《丁日昌集》，上海古籍出版社 2010 年版，第 111 页。
④ 赵春晨编：《丁日昌集》，上海古籍出版社 2010 年版，第 458 页。
⑤ 赵春晨编：《丁日昌集》，上海古籍出版社 2010 年版，第 618 页。
⑥ 黄晋祥：《丁日昌两淮盐运使任上对盐务的改革》，《长江大学学报》（社会科学版），2012 年第 3 期，第 61 页。

皖三岸销市畅旺，每虞盐不敷运。本司上年到任后，深知场盐缺产之由，节饬各场于卤气不升者择地移笔，于盘鏊之荒废者分别修复，均照双鏊起额，分派委员，按灶稽卤，按段稽查，使本源之地丝毫不能透私。现在泰、江各处盐价骤涨，每斤至三十余文，可见私盐净绝之明证。又令鏊商添铸鏊口，按场分派。本年产盐，据泰分司详称，所属各场每年可增额八十余万桶；通属详到五场，计增额二万余桶，其余尚未详到。大约天时平顺，通、泰两属约计似可增盐二十余万引内外，容当汇齐详报。是场产与岸销两无所患，而其中之藉以转输者，关键全在场商。查场盐向在泰坝交斤，今改为瓜洲交卸，程途较远，盘费愈重，且驳船之偷扒、江船之勒捐、扛夫之作践，层层剥削，尤为暗中亏折，虽经运商每包津贴钱一百十文，而核成本，尚形吃重。当此整顿场务之际，应以顾恤场商为第一要务。"①

丁日昌不仅对盐务本身进行整顿，而且还对管理盐业生产、运销的各级盐官的官僚作风进行了整饬。"盐务疲惫已久，在事员委无不狃于积习，遇事不复不办，今本司酌议，除有定例者仍照例查办外，所有盐属印委各员，嗣后如有办事勤能、着有实效者，随事随时察核情形，详请优奖；其有怠惰玩误者，核其案情轻重，分别记过撤委。如遇紧要案件、有朱标限期者，务于文到之日依限具复；设有繁难之案，届限不及禀复者，准其先期禀请展限；如有不请展限、逾限不复者，记过一次。凡委办要事，逾期不禀不办者，记大过一次；其寻常案件，逾限五日记过一次，逾限十日记大过一次，逾限二十日记大过二次，逾限一月记大过三次，再迟每十日递加一次。"②

丁日昌为官清正，裁免节寿礼，对亲属严格要求，管束严格，其子犯罪，他不护短，占理不占亲。丁日昌的儿子丁惠衡是盐运使衔知府，其家人仗势滋事，丁日昌便上表启奏，要求将丁惠衡"即行斥革"，"以为辜恩

---

① 赵春晨编：《丁日昌集》，上海古籍出版社 2010 年版，第 324 页。
② 赵春晨编：《丁日昌集》，上海古籍出版社 2010 年版，第 327 页。

溺职者戒!"① 丁日昌为官清正,执法不徇私情,连自己的亲生儿子也不法外开恩,实在令人敬佩。就连上海的《申报》也载文盛赞丁日昌治理政务"如诸葛武侯之治蜀……无不以实心行实政,德惠在民,民至今犹思之弗置……(丁日昌)为当今之伟人也"②。

丁日昌为官清正,整顿吏治在晚晴官场负有盛名,常被时人所称颂。"日昌出寒素,起州县,知闾阎疾苦,又生长海疆,早考求外事,心思精力俱过人,故吏治、洋务尤卓绝一时。吴中如冯桂芬、潘祖荫、翁同龢,福建沈葆桢,皆心服其吏治,称叹不去口。"③

(四) 丁日昌选贤任能的廉洁作风

宋代政治家司马光曾言:"为政之要,莫先于用人。"一个国家的政治能否凝聚人心,能否有决断力和执行力,很重要一点就在于这种体制能否把真正优秀的人选到重要岗位。《旧唐书·食货志上》载:"设官分职,选贤任能,得其人则有益于国家,非其才则贻患于黎庶,此以不可不知也。"选人用人机制是否科学、合理,事关政党兴衰成败和国家前途命运。《(民国) 广东通志稿·列传》(丁日昌传) 载:"虽疾恶若仇,而奖引人才不遗余力。"④ 可见,奖引人才是丁日昌选贤任能廉洁作风的集中体现。

选贤任能是治国理政之要。"国事万端,以人才为重,凡事皆以得才为第一要务,"⑤ 晚清时期的丁日昌深刻地意识到:"国家之有贤才,犹鱼之有水,木之有根,火之有膏。故一县得人则一县治,一郡得人则一郡治,一省得人则一省治。然必其才足以任一省之事,而后一省治;足以任一郡之事,而后一郡治;足以任一县之任,而后一县治。若不审其才力之所至,辄付以抚字之权,犹之负荷者,其力仅足以举十钧,而付以百钧之任,其不颠且覆者几何哉?且夫百工技艺,皆须习而后能,亦须能而后

---

① 丁君:《丁日昌的为官之道》,《人民之声》,2001 年第 3 期,第 45 页。
② 范海泉:《从〈丁禹生政书〉看丁日昌》,《学术研究》,1986 年第 6 期,第 79 页。
③ 赵春晨编:《丁日昌集》,上海古籍出版社 2010 年版,第 1626 页。
④ 赵春晨编:《丁日昌集》,上海古籍出版社 2010 年版,第 1626 页。
⑤ 何靖:《丁日昌的人才观》,《广州研究》,1986 年第 12 期,第 49 页。

用，故治宫室则必延匠人，治疾病则必延医士，此皆乡曲愚人而知之也。今身任地方之责，除趋跄应对外，遇谳狱则不知刑名，而但付之幕友；遇催科则不知钱谷，而但付之吏胥，皆由其平日所学不能推之于所用，故临事所用不能本之于所学，犹之强匠人以治疾病，强医士以治宫室，疾病必危，宫室必倾。夫宫室、疾病，一人一家之事也，尚不可轻易如此，顾于牧民大事，而可令贸贸者操刀而试割哉？夫今日之盗贼，皆昔日之百姓也。百姓何以忍为盗贼？则以逼于饥寒；百姓何以致于饥寒？则以有司不能抚字。然则此时有司之循良贪酷，即关系异日之治乱安危。故在今日而求贤才，尤不可淡漠视之矣！臣观三代两汉之初，治理最盛，循吏最多，皆由登进之途广，而任用之势专。登进广，则贤才不致见遗；任用专，则贤才得以尽力。应请敕下中外大臣，各举所知，并开贤良方正之科，以行举不以言举。称职者，举主共其荣；不称职者，举主同其罚。但严责大吏以地方治与不治，不苟求用人与资格合与不合。天下者，各省之所积；各省者，州县之所积，各省之大吏得人，则州县得人，州县皆治，则天下无不治矣。"①

丁日昌选贤任能的廉洁作风也表现在科举考试中严明纪律，以期选拔真才实学的优秀士子。"窃维抢才大典，功令森严，监临之责，能多除一弊窦，即多得一真才……臣现在责成提调、监试以及内外帘、内外巡大小文武各官，无论何处有弊，即惟该管官员是问。除届时谕饬各生如期交卷，并严督誊录、对读两所执事官悉心查核外，亟应恪遵功令，凡各场出题之次日，于上灯后始行交卷者，即盖用违例木戳，无须发誊；其誊录、对读所如查出涂改墨卷情弊，即将誊录生按律严办，本卷扣除不送，该管官不举发者严参。臣因各生或狃于积习，转致自误功名起见，用特恭折申明，一面敬录折稿剀切晓谕，俾诸生及早惨淡经营，免临时潦草塞责。庶几矩叠规重，禁虽设而无犯；沙披金见，才无屈而必伸。"②

丁日昌选贤任能的廉洁作风也表现在科举考试中坚持"取士兼求实用

---

① 赵春晨编：《丁日昌集》，上海古籍出版社 2010 年版，第 72 页。
② 赵春晨编：《丁日昌集》，上海古籍出版社 2010 年版，第 125 页。

之才"，须求变法自强，必须改革科举制度，重视录用实用人才，为国效力。同治六年（1867），丁日昌上奏清廷，改革科举考试，选拔人才，"拟分为八科，以求实济：一曰忠信笃敬以觇其品，二曰直言时事以觇其识，三曰考证经史百家以觇其学，四曰试帖括诗赋以觇其才，五曰询刑名钱谷以观其长于吏治，六曰询山川形势、军法进退以观其能兵，七曰考历算格致以观其通、问机器制作以尽其能，八曰试以外国情事利弊、言语文字以观其能否不致辱命。上以实求，下亦必以实应。并特设一馆，延致奇技异能之士，则人才将日出而不竭，即海外华人之抱负绝艺者，亦将返中国以营爵禄……请胥吏严为考选，优其出身，其有清洁之操、宏通之识，准予正途出身，并为正印司牧"①。改革科举制度，大量培养近代化所需要的建设人才，积极倡议清廷派遣留学生出国学习，均是丁日昌选贤任能廉洁思想的突出表现。民国《丰顺县志》载："同光之际，深谙洋务者咸推日昌与郭嵩焘二人，如创办轮船招商局，改漕运为海运，及派遣学生出洋留学诸要政，皆日昌所建议，力（历）劝曾国藩、李鸿章奏办者。"② 面对内忧外患的时代困局，丁日昌积极建议派遣留学生出国学习深造。"中国现若派人在边境探路，恐一时尚无此等人才，此日昌所以呕呕有派聪慧子弟出洋赴各大馆学习，及在香港挑选学生来厂延请西师认真教导之议也。"③

丁日昌选贤任能的廉洁作风又表现在其积极为清廷搜罗人才、举荐人才，不遗余力。丁日昌时常注意查访和识别人才，具备辩才和识才的慧眼，如王韬、容闳、唐廷枢、丘逢甲等人，均受到丁日昌的赏识、举荐或提拔。④ 丁日昌曾亲自嘱咐州县地方官要积极寻求所辖地方的德才兼备之士，"该地方有无才德兼优、著书立说、众望交推、仕而复隐或穷而未达之士？次则或长于医术，或长于算学，或熟于舆地，或熟于洋务，或长于制造，或长于武艺，但有一技可名，不妨悉心采访，将其姓名、住址开列

---

① 赵春晨编：《丁日昌集》，上海古籍出版社 2010 年版，第 1068 - 1069 页。
② 赵春晨编：《丁日昌集》，上海古籍出版社 2010 年版，第 1628 页。
③ 赵春晨编：《丁日昌集》，上海古籍出版社 2010 年版，第 935 页。
④ 何靖：《丁日昌的人才观》，《广州研究》，1986 年第 12 期，第 50 页。

备核"①。同治七年（1868）一月，丁日昌支持容闳提出的组织华商轮船公司和派遣学生出洋留学计划，准备向清廷上呈有关"说帖"。② 同治九年（1870）九月，丁日昌乘机说服曾国藩接受容闳提出的派遣留美学生计划，拟由曾国藩、李鸿章等与丁日昌联衔向清廷上奏。③ 光绪三年（1877）三月，丁日昌在台湾府城主持文、武岁试，识拔后来成为抗日保台志士、著名诗人的丘逢甲，赠以"东宁才子"印章。④

丁日昌选贤任能的廉洁作风还表现在担任巡抚期间努力使德才兼备者为清廷效力。他曾言："欲求所以用人，尤必先求所以知人。"⑤ 光绪二年（1876），丁日昌上奏朝廷，提及福建省办理洋务事业急需专门人才。他认为："办洋务者首在妥速，而其要尤在通达洋情、洋语、洋文……兹查有办理上海招商局候选道唐廷枢，才识练达，器宇宏深，于各国情形以及洋文、洋语罔不周知，本年正月间因公来闽，臣日昌暂留该员帮办电线等事，措置悉合机宜，深资其力。又副将王荣和，籍隶福建，臣日昌在广东时知其精通外国语言文字，招之赴粤，旋又随赴上海派充翻译，兼理机器、枪炮、轮船各局务，该员熟谙洋情，心地亦极平正，同治八年（1869）间曾经前督臣英□会同臣文煜奏调赴闽，时臣日昌因所办洋务多系该员经手，是以吁请留苏，蒙恩允准。现在苏沪人才众多，非闽省之无一谙习洋务者可比，而唐廷枢、王荣和又皆系臣日昌旧日僚属，指臂之资由来已久，惟唐廷枢于招商局务尚有经手事宜，已函商李鸿章令其往来闽沪，李鸿章回信亦谓可以往来兼顾，据通商局司道详请奏调前来。合无仰恳天恩，俯准将候选道唐廷枢、总兵衔尽先补用副将王荣和二员调闽遣用。如蒙俞允，并请敕下直隶、两江督臣转饬各该员迅速来闽，俾资臂助。"⑥

① 赵春晨编：《丁日昌集》，上海古籍出版社 2010 年版，第 591 页。
② 赵春晨编：《丁日昌集》，上海古籍出版社 2010 年版，第 1641 页。
③ 赵春晨编：《丁日昌集》，上海古籍出版社 2010 年版，第 1641 页。
④ 赵春晨编：《丁日昌集》，上海古籍出版社 2010 年版，第 1643 页。
⑤ 赵春晨编：《丁日昌集》，上海古籍出版社 2010 年版，第 196 页。
⑥ 赵春晨编：《丁日昌集》，上海古籍出版社 2010 年版，第 111 – 112 页。

丁日昌在举荐提拔人才方面，没有任人唯亲，任人唯钱，看重的是真才实学和实际能力，认为："行政首重得人，而考言必兼询事。"① 他指出："如有心灵品端之人，似亦无妨广为延致，但望多中选精，断难精中求多，此时厚其薪水，他日优其出身，上求鱼臣乾谷，人才岂有不蒸蒸日上者哉？"② 在选拔候补府州县衙参时，丁日昌坚持拟定章程，要求"每人进见时，各呈清折一扣，凡地方利弊、时政得失，及兵刑钱谷、中外交涉各事宜，均就识见所及，开列于内，但有益国计民生，均望直言无隐，其不愿者听"。③ 丁日昌在处理外交关系上，提出"妙选使臣，分驻各国，渐与狎习，既以通中国之情款，即以携彼族之交欢"④ 的建议，也是他选贤任能廉洁作风的重要体现。

丁日昌选贤任能的廉洁作风还表现在其对贤达人才不求全责备，他曾言："人之聪明材力止有此数，此有所长则彼有所短，达于时务者未必巧于语言，勤于治理者未必工于奔走。"⑤ 丁日昌时常"礼贤下士，遇有一节之长、一言之善，必为之延誉而振拔之"。⑥ 在任两淮盐运使时，他也曾拟定两淮章程，甄别人才。"此次甄别，非欲求全责备也，人才难得，本司并无苛求之心。因两淮候补人数既多，其中聪俊练达者更复不少，兹定分期考试，原以造就人才。各该员毋畏葸，毋矜持，尽一己之长，认真做去，即使第一次未经录取，一年之内为日正长。"⑦ 不拘一格降人才，丁日昌还提出重价招募能驾驶轮船之人。"近年以来中国购买轮船，皆招募洋人为驾驶，此可以暂而不可以久。查中国出洋之人，为人佣工，多能驾驶轮船者，宜重价招回，以为中国之用。"⑧ 丁日昌在向清廷举荐人才时不计小节。光绪三年（1877），丁日昌向清廷举荐能够熟练操纵轮船进行海战

---

① 赵春晨编：《丁日昌集》，上海古籍出版社 2010 年版，第 644 页。
② 赵春晨编：《丁日昌集》，上海古籍出版社 2010 年版，第 197 页。
③ 赵春晨编：《丁日昌集》，上海古籍出版社 2010 年版，第 644 页。
④ 赵春晨编：《丁日昌集》，上海古籍出版社 2010 年版，第 1070 页。
⑤ 赵春晨编：《丁日昌集》，上海古籍出版社 2010 年版，第 1030 页。
⑥ 赵春晨编：《丁日昌集》，上海古籍出版社 2010 年版，第 1615 页。
⑦ 赵春晨编：《丁日昌集》，上海古籍出版社 2010 年版，第 332 页。
⑧ 赵春晨编：《丁日昌集》，上海古籍出版社 2010 年版，第 1070 页。

的人才时，就知人善任，敢于用人。"海战则另择出洋学生之技优胆壮而又忠爱笃实者为统领，似更有裨实济。学生之技优者曰张成、曰吕翰、曰刘步蟾、曰林泰曾、曰蒋超英，造诣皆有可观，而皆有小疵：张成近执，吕翰近猾，刘步蟾近粗，林泰曾近柔，蒋超英较为纯粹而年过轻。是五人者，才皆可用。"①

唐代著名政治家韩愈曾言："世有伯乐，然后有千里马；千里马常有，而伯乐不常有。"晚清时期，丁日昌选贤任能的廉洁作风还体现在发现人才、赏罚分明、激励人才等方面。"日昌窃谓今日天下之患在无才，非真无才也，在上者乐因循而安苟且，人习见其然也，能者无以自见，不能者亦得以俯仰其间，是以事日见多而才日见少。是非中丞重赏重罚，则人才之真不出。"②《战国策·赵策一》曾言："士为知己者死，女为悦己者容，吾其报知氏之雠矣。"人才必须重用，才能为我所用。丁日昌曾感慨地说："人才宜认真造就，并宜预为扩充。查船政学生及上海局司事以及各局工匠、各轮船水手中，本有聪颖奋勉、可以造就之人，或因廪禄不敷养赡，或因位置不甚公平，或因船主克扣工食，遂致废弃旧业，甚且有顾而之他者，是我辛苦储材，反供他人之用，岂不可惜！……盖人才必须预储于平日，庶不致仓猝有缺乏之患，且凡事皆以得才为第一要务，无才则百事俱废也。"③

综上所述，丁日昌生活在风雨飘摇的晚清社会，一个动乱与变革的时代，他不仅是洋务运动的主要人物，也是晚清政坛上比较显赫而又颇具争议的历史人物。纵观丁日昌的一生，他考虑的主要问题虽然是富国强兵、维护封建统治，但是民心为本、节俭抑贪、为官清正、选贤任能的廉洁作风在这位身处近代社会转型时期的一代名臣身上也有显著的体现。丁日昌的廉洁作风在弘扬廉洁文化的有中国特色的社会主义新时期仍有十分重要的现实意义。

---

①　赵春晨编：《丁日昌集》，上海古籍出版社2010年版，第184页。
②　赵春晨编：《丁日昌集》，上海古籍出版社2010年版，第880页。
③　赵春晨编：《丁日昌集》，上海古籍出版社2010年版，第996页。

参考文献

［1］陈铮编：《黄遵宪全集》（上、下），中华书局 2005 年版。

［2］黄遵宪：《日本国志》，天津人民出版社 2005 年版。

［3］丁文江、赵丰田编：《梁任公先生年谱长编》，中华书局 2010 年版。

［4］程志远等编：《乾隆嘉应州志》，广东省中山图书馆古籍部 1991 年版。

［5］麦若鹏：《黄遵宪传》，古典文学出版社 1957 年版。

［6］林振武等：《黄遵宪年谱长篇》（上册），中华书局 2017 年版。

［7］广东省地方史志办公室：《［光绪］嘉应州志》，《广东历代方志集成潮州府部》（三六），岭南美术出版社 2009 年版。

［8］罗尔纲：《太平天国史稿》，中华书局 1955 年版。

［9］郑海麟：《黄遵宪传》，中华书局 2006 年版。

［10］丁文江、赵丰田编：《梁启超年谱长编》，上海人民出版社 1983 年版。

［11］韩延龙、苏亦工等：《中国近代警察史》，社会科学文献出版社 2000 年版。

［12］郑海麟、张伟雄编校：《黄遵宪文集》，中文出版社 1991 年版。

［13］尹飞舟编：《湖南维新运动史料》，岳麓书社 2013 年版。

［14］施吉瑞：《金山三年苦：黄遵宪使美研究的新材料》，《中山大学学报（社会科学版）》，2016 年第 1 期。

［15］郑海麟：《黄遵宪与新、马华侨》，《文史知识》，2006 年第 3 期。

［16］夏晓虹:《黄遵宪与早期〈申报〉关系追踪》,《南京师范大学文学院学报》,2007 年第 1 期。

［17］李东海:《加拿大华侨史》,加拿大自由出版社 1966 年版。

［18］何如璋著,吴振清、吴裕贤编校整理:《何如璋集》,天津人民出版社 2010 年版。

［19］姚洛:《不辱使命的何如璋》,《岭南文史》,1983 年第 2 期。

［20］孟瑞霞:《儒家伦理与新加坡家庭价值观教育研究》,西北师范大学硕士学位论文,2011 年。

［21］李晓莉:《新加坡反腐倡廉研究及其启示》,重庆师范大学硕士学位论文,2012 年。

［22］水仙:《儒家思想在新加坡社会的体现》,浙江大学硕士学位论文,2016 年。

［23］房利:《新加坡的廉政文化研究》,云南师范大学硕士学位论文,2006 年。

［24］靳莉:《新加坡公民道德建设研究》,大连理工大学硕士学位论文,2005 年。

［25］李炳毅、吕文丽:《从"工具理性"视野看新加坡的廉政制度建设》,《中共云南省委党校学报》,2012 年第 3 期。

［26］周罗庚、夏禹龙:《从人治反腐转向制度反腐》,《科学社会主义》,2006 年第 4 期。

后 记

2017年10月18日，习近平主席代表第十八届中央委员会向党的十九大所作的报告中强调："人民群众最痛恨腐败现象，腐败是我们党面临的最大威胁。只有以反腐败永远在路上的坚韧和执着，深化标本兼治，保证干部清正、政府清廉、政治清明，才能跳出历史周期率，确保党和国家长治久安。当前，反腐败斗争形势依然严峻复杂，巩固压倒性态势、夺取压倒性胜利的决心必须坚如磐石。"夺取反腐败的胜利既要治标，更要治本。通过"出台中央八项规定，严厉整治形式主义、官僚主义、享乐主义和奢靡之风，坚决反对特权。巡视利剑作用彰显，实现中央和省级党委巡视全覆盖。坚持反腐败无禁区、全覆盖、零容忍，坚定不移'打虎''拍蝇''猎狐'，不敢腐的目标初步实现，不能腐的笼子越扎越牢，不想腐的堤坝正在构筑，反腐败斗争压倒性态势已经形成并巩固发展"。从党的十九大报告中的论述我们已经认识到治标的目标已初步实现，治本的任务还十分艰巨。治本不仅要筑牢制度的堤坝，而且还要加强廉洁思想教育。本书即是结合本地的实际情况，通过挖掘梅州近现代客籍乡贤的廉洁事迹，提炼和升华其廉洁思想，取其精华、去其糟粕，以作廉洁思想教育之辅助。为此，广东高校廉政研究中心、梅州市客家廉洁文化研究中心组织了部分专家学者参加了本书的撰写。本书由李友文、索光举同志构思写作架构和统稿，参加撰写的作者主要有：林勤青（嘉应学院纪委副书记、监察处长、教授）、张文峰（嘉应学院马克思主义学院副书记、副教授）、黄小谨（嘉应学院政法学院副教授）、侯聪玲（嘉应学院政法学院副院长、副教授）、邹媚（嘉应学院审计处审计师、会计师）、刘思林（嘉应学院经济管理学院书记、副教授)、刘加洪(嘉应学院马克思主义学院副院长、教授)、丁德超(嘉应学院马克思主义学院副教授)、索光举(嘉应学院广东高校廉政研究中心主任、教授)。对每位作者付出的辛苦劳动和汗水,在此一并表示感谢。

本书由于撰写时间紧迫、任务繁重,难免有一些疏漏、不足和需要商榷的地方,敬请各位尊敬的读者批评指正。

索光举

2018 年 5 月